THE EASIEST NUMEROLOGY
TEXTBOOK

いちばんやさしい

数秘術

の教科書

LUA 著

ナツメ社

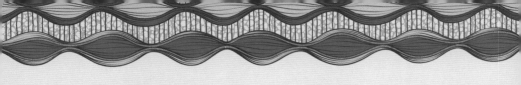

 ## はじめに

　この本の数秘術は、なるべく計算を減らし、極力シンプルにしたものです。計算が苦手でもすぐに占えるよう、数字のまま、あるいは表を使うなどして読み解く仕様です。計算が必要な箇所は、数秘術の基本となる「運命数」、そして「隠れナンバー」とバイオリズムの「年運数」と最小限にとどめました。また、生まれ年を伝えなくてもよい項目もありますので、年齢を秘密にしたまま占えます。

　数秘術は一般的に、1〜9の9つの数字で占うものです。ここでは、これまでの数秘術では意味を持たせることのなかった「0」を加えた10の数字で読み解きます。LUAオリジナルメソッド入りの新しい数秘術です。

　ところで、「0」を入れた理由をお伝えしましょう。数秘術や数字の歴史、数のなりたちについて調べました。数字があってものごとが生まれたわけではなく、数えることが必要になって生まれたのが数字です。数字ありきではなく、"ものごとを数字に結び付けたのが数秘術なのだ"という基本的なことにたどり着きました。

数字の「0」をはじめに定義したのは、7世紀に活躍した
インドの数学者ブラーマグプタです。著書『ブラーマ・ス
プタ・シッダーンタ』に、数としての0の概念を記したこ
とが伝わっています。その後、9世紀前半にアッバース朝
の都、バクダッドで活躍したイスラムの数学者アル＝フワ
ーリズミーが、0の概念をはじめて用いて、0が正式に数
字に仲間入りしました。

　数秘術では、誕生日の数を1つずつにばらして足し算を
し、最後に1けたの数「数字根」を求めます。この計算を
行うことで0は消えてしまいますが、2000年生まれ、10月
生まれ、10日、20日、30日生まれなどの人は、もともと0
を持っているのです。"ない"という意味を表す概念を得た
今、誕生日にある0の意味を看過していいのでしょうか。
そんな疑問から生まれた0を用いるはじめての数秘術です。
数の意味を楽しみながら、実生活にお役立ていただけます
と幸いです。

Contents

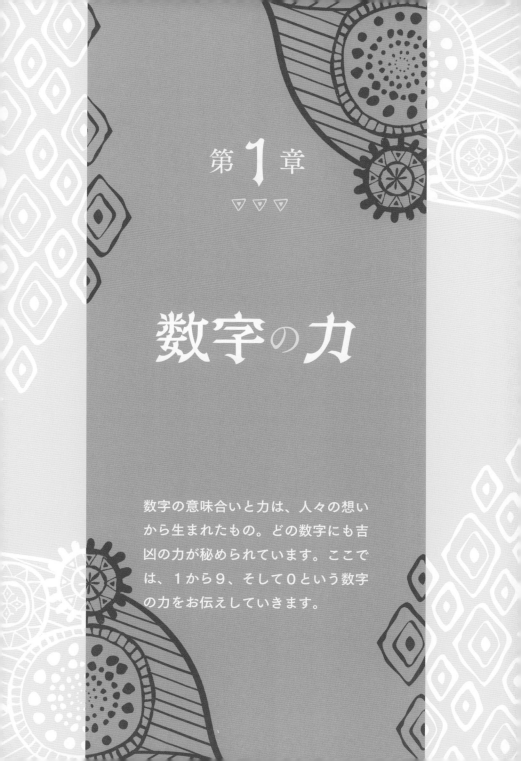

第1章

▽▽▽

数字の力

数字の意味合いと力は、人々の想い
から生まれたもの。どの数字にも吉
凶の力が秘められています。ここで
は、1から9、そして0という数字
の力をお伝えしていきます。

数秘術とは

　数秘術は「数字」の意味を探求する学問体系のこと。森羅万象を数字で表し、そこから深い意味を読み取っていきます。英語では「ヌメロロジー（numerology）」となりますが、numeroは数を、logyは学問や倫理を意味する言葉です。本書では数秘術としていますが、数秘学と呼ばれることにも頷けますね。

　数秘術には流派があります。メジャーなところでは、古代ギリシャのピュタゴラス、「生命の樹」をベースにしたカバラ、20世紀初頭の現代数秘術にアメリカのミセス・L・ダウ・バリエッタが広めたモダン・ヌメロロジーなどが挙げられます。数秘術とは少し異なるものでは、エンジェルオラクルカードのドリーン・バーチューから広まったとされるエンジェルナンバーなどもあります。

　一般的な数秘術では、０は扱わず、１〜９の数字を用います。生年月日の数字を１つずつ加算して、運命数などを求めたり、氏名をアルファベットで記し、アルファベットに割り振られた数を１つずつ加算して求めるゲマトリアという手法を用いて占

ったりするのが主流です。こうした手順や意味づけが、流派によって異なる場合もありますが、いずれも1けたになるまで計算した数で占う、というスタイルが基本です。

　数秘術以前の数字、数そのものの誕生をみてみましょう。人口が増えて生活が複雑化すると、数を数えるようになり、数字が誕生しました。1つ、2つ、いっぱいというざっくりしたところからはじまり、二進法、三進法と進化して、十進法が生まれたそうです。0の概念が生まれたのは7世紀、0が数字に仲間入りしたのは9世紀前半。数秘術に0が入ったのはこの本が初！　0の誕生以降の新しい数秘術です。

数字の持つ力

　数を意味する数字それぞれを、世の中に存在するものとひもづけ、ものごとを読み解くのが数秘術です。数に符合する意味合いが、その数字に力を与えています。

　数字の持つ力は、人が与えたもの、信じたものと言い換えることができるでしょう。どんな事象にも吉凶の両面があるように、数字の力にも、ポジティブとネガティブの働きがあります。特徴を知り、必要な方向に働かせていきましょう。

1 の持つ力

ポジティブに働くとき

　何もない真っ白の状態で、いちばんはじめに登場する「1」。ものごとのはじまりや誕生の力を表します。

　太陽が昇るように、自らが目覚めて自我が生まれます。やる気が満ちていき、目標も見えてくるでしょう。自らを信じて立ち上がるときに、「1」の力が働きます。自発的に動いたり、率先して行動することで、自然とリーダーシップを発揮するでしょう。目の前の障害に臆することなく前進する負けん気や力強さも生まれます。

ネガティブに働くとき

　何もないところに生まれ出るような純粋さが、ときにあだとなって、「1」の浅はかさを強めます。

　考えなしのままに、無計画に行動することや、何かと早合点で決めつけて、勝手に苛立ちをあらわにすることがあるときは、「1」の逞しさやパワフルさがネガティブに働いています。人に対して好戦的になり、攻撃的な面を見せるという単純で稚拙な言動が目立つようになるでしょう。横柄で乱暴な振る舞いをして、素直さも失ってしまうのです。

2 の持つ力

ポジティブに働くとき

　1つのものにもう1つが加わった「2」。2つの要素が保たれ、陰陽や男女といった二元論を内包する力です。

　自分だけではなく相手を受容することで共存します。他者との違いを感じ取る繊細さを得て、少女的な柔軟性とやさしさも生まれるでしょう。人を思いやる気持ちから、協力性や細やかな気づかいを見せるようになります。よくも悪くも敏感ですが、対極を見つめているので客観性があり、機転が働きます。人間関係も大事にできるでしょう。

ネガティブに働くとき

　内包している2つの要素の違いを気にすることで、偏りが生じ、両方を受け止めることができなくなると、「2」のマイナス面が表立ってくるでしょう。

　繊細さが過敏になり、相手を気づかう心が妄想を生んで、「2」の豊かな感受性をネガティブに働かせるようになるのです。ものごとを冷静にとらえられず、客観性を失っていきます。被害者的な意識が生まれ、自分のことしか見られなくなるでしょう。自らの殻に閉じこもることや、冷酷に振る舞うこともあります。

３の持つ力

∨∨

ポジティブに働くとき

「１」と「２」が結合して誕生する「３」。３点を結ぶことではじめて生まれる空間は聖域であり、神聖な力を持ちます。

新展開に好奇心で向き合い、前向きに行動する「３」の陽気な力です。個別のものを融合して新たなものを生み出していきます。いいところどりのできる創造性と機知に富んだ発想力で、ものごとを進展させるでしょう。そこに喜びが生まれ、プラスのスパイラルを招いていくのです。楽しむセンスがあり、どんな状況下でも面白さを見出す楽観性があります。

ネガティブに働くとき

聖域を開くのではなく、守ることばかりにフォーカスしていくようになると、「３」の創造性を損なって、考えなしの楽観性で怠惰を招くことになります。

問題から目を背けたままに、何とかなるだろうという希望的憶測にしがみついて、自らを甘やかすようになるでしょう。やればできるからと、自身を買い被り、ご褒美的なことばかりに目を向けていきます。苦手なことを避け続けるうちに、得意なこともうまくいかなくなるのです。

4 の持つ力

ポジティブに働くとき

4点を結んで描く四角形は、安定した間取りを表し、カチッとした印象を与えます。守り抜く力の「4」です。

堅実な取り組みを続けることが、守り抜くことには欠かせません。まじめに、ひたむきに継続することで、確実性や安定が保たれ、安心をもたらします。規律正しく働くことで物理的な利益を生み、毎日の変わらぬ暮らしを実現するでしょう。自らの働きで成功をつかみ、それを維持していく「4」の建設的な持久力と忍耐力は、人の営みの基本でもあるのです。

ネガティブに働くとき

まじめに努力してきたことに強いこだわりを持ち、それに依存するようになると、「4」の未来が揺るぎはじめます。

頑固さが表立ち、自らのこだわりに執着することでチャンスを棒に振るでしょう。守りに徹するあまりに、些細なリスクや労力を惜しみ、まじめさが過ぎた結果、融通をきかせられなくなり、本末転倒の結末を招くこともあります。また、まじめさからの反動で、羽目を外しすぎるなど、普段のがんばりを自ら台無しにするでしょう。

5の持つ力

ポジティブに働くとき

　四捨五入の起点となる「5」。飛び出すことで、大きく変化する力を表します。

　飛躍すること、外に出ることは、それ自体が変化であると同時に、挑戦や冒険に結びつくでしょう。野心のままに行動し、目的のためのチャレンジに臆することはありません。自らを実験台にして試すように大胆で、怖いもの知らずの面もあります。自由を求める「5」の力でもあるのです。瞬発力があり、大きなポテンシャルを秘めています。

ネガティブに働くとき

　自由にこだわるあまりに、勝手気ままで好き放題をしはじめたときに、「5」のマイナス面が浮上します。

　本能のままに奔放に行動し、理性が働かなくなるでしょう。衝動的な言動が目立つようになり、落ち着きも失っていきます。変化を求めるあまりに気が多くなり、1つのことを継続できなくなるでしょう。性的にルーズになることもあるようです。極端な考えにとらわれて、やりすぎてしまったり、逆に居直ったりして、事件や異変を求めることもあるでしょう。

6の持つ力

ポジティブに働くとき

　ヘキサグラム（六芒星）で表される「6」。上向きの三角は天を、下向きの三角は地を意味し、天と地の調和の象徴とされるように、2つの世界を和合する力です。

　「6」は、調和がもたらす美しいものすべてを意味します。愛や芸術、平和や正義、道徳や理想など、美徳につながる美しさです。常識を踏まえながら、あらゆる審美を追求し、完ぺきを求めていきます。人と結びつく力です。争いを避けて和を守り、責任を持った行動を心掛けるでしょう。

ネガティブに働くとき

　美徳につながる美しさを意味する一方で、悪魔の数字と呼ばれる「6」です。調和して築かれるはずの美徳の世界が、悪徳に転じるときに、「6」の力がネガティブに働きます。

　調和を強く求めた結果、自分のやり方や正義を押し付けて、相手を攻撃したり、過保護や過干渉になったり、また自らを見失うこともあるでしょう。平和であることだけを目的にして、臭い物に蓋をしながら現実逃避に走る場合もあります。自らの完ぺき主義を通そうとしがちになるのです。

7 の持つ力

ポジティブに働くとき

　神性の「3」に、物性の「4」が合わさることで生まれる「7」。宗教を超えて神聖視される力で、人の精神性を高め、思慮深さをもたらします。

　考えることで学びを深め、知識を知恵として活かすように、探求を続けることで、哲学が生まれます。習った通りではなく、自ら思考することが欠かせません。人に流されず、孤独を恐れず、本当の自由を精神的に満たしていくでしょう。自ら得た気づきで、成長していきます。

ネガティブに働くとき

　孤独を恐れぬ強い精神性が揺らいだときに、「7」の崇高さが損なわれていきます。

　孤立しても構わないという開き直りに転じることや、反対に孤立を恐れ、人に迎合するようになるのです。人に同化することで仲間を得ようとするのでしょう。精神性が損なわれるうちに、シビアな考え方で暴走し、人をバカにした言動に出ることもあります。考えることを放棄して、ラクに信じられることを求めることもありそうです。

8の持つ力

ポジティブに働くとき

　横に向けると「∞（インフィニティ）」になる「8」。無限のエネルギーと繰り返しの中にある可能性を表します。8つの角が立方体を形成するように、より現実的な力をもたらします。

　手にすることのできる利益や権力、形あるものは、実在する力です。日々の努力がそれをもたらし、積み重ねてきたことの実りといえるでしょう。大事なものを手にすると、それを管理して支配する必要が生まれます。シビアな目で自らをコントロールしながら、得たものを守り抜こうとするでしょう。

ネガティブに働くとき

　現実的な考えに集中するあまりに、願いを叶えられるのなら、と自らの欲求のままに動きはじめたときに、「8」の強さがネガティブに作用します。

　自制心を失いがちになると、毎日の努力や辛抱にたえられなくなり、フラストレーションを爆発させるでしょう。我慢がきかなくなって、自らの欲に従うようになるのです。人に反発したり、尊大な言動が目立ったりするようになるでしょう。積み重ねて蓄積させる力が裏目に出てしまうのです。

9の持つ力

ポジティブに働くとき

　すべての数を内包する最大数の「9」。神性の「3」の3倍であることから、永遠・完成・実現を表します。ものごとが極まって最終段階に入ろうという力です。

　熟練し、達観していくときは、終わりも近づいてきます。求めてきた理想へ最後にたどり着けるかどうかは、心のあり方次第です。自らの世界を見出せるピュアな力が生まれます。完ぺきな理想はなく、カオスを受け入れて変容を遂げるときに、すべてを乗りこえられるでしょう。

ネガティブに働くとき

　すべてを受け入れることで、自分を失い、宙を浮いた状態になったときに、「9」は力尽きてしまいます。

　理想を求めていたはずが、非現実的な夢ばかりを追うようになり、自分が何をしようとしていたかを見失うでしょう。どうしていいかがわからずに、虚無感に苛まれることもあります。あきらめの気持ちから、すべてを投げ出してしまうのです。悪い意味での無我となり、自分のことにも無関心になるでしょう。自らをリセットし、空っぽの自分を選ぶのです。

０の持つ力

ポジティブに働くとき

　空白を表す「０」。０のままでは何も起こりませんが、別の数字を10倍にするかと思えば、掛け合わせることで０とするという、不思議な力を秘めています。

　何もないことは、失うものがないこと。恐れるものはありません。他者の影響を受けることで、自らを変容し、無限の可能性を広げることができます。寄り添った相手の力をポジティブに働かせられるか。その力量を問われるでしょう。寄り添う相手を選ぶこと、相手のプラス面を見抜くことが大事です。

ネガティブに働くとき

　不思議な力を秘めた「０」の可能性は計り知れません。隣り合う存在を巻き添えにして、すべてを奪い、失わせる力となることもあるのです。

　働きかけなければ、プラスマイナス０のままで、何も変化はありませんが、寄り添い方次第では、あらゆる可能性が生まれます。よき状態をなきことにして終わらせることや、悪しき状態で何もせず、現状を維持してしまうこと、さらに悪化させる方向に便乗することもあるでしょう。

奇数と偶数について

＜１、３、５、７、９の奇数＞

奇数は、自らが働きかけて影響を与える数字

　「奇数＋奇数＝偶数」となり、奇数を偶数に変化させます。

　「偶数＋奇数＝奇数」となり、偶数を奇数に変化させます。

＜２、４、６、８、０の偶数＞

偶数は、外からきたものを受け入れる数字

　「偶数＋偶数＝偶数」となり、偶数を受け入れ偶数のままです。

　「偶数＋奇数＝奇数」となり、奇数を受け入れて変化します。

　このことは、数字の持つ力や意味合いにも当てはまることです。自らが働きかける奇数には、自発的な特性があり、外からきたものを受け入れる偶数には、受容的な特性があります。

　また、２が２つ入る４、４が２つ入る８は、それぞれ、２の力と４の力が倍に働く数で、その特性が濃厚になります。

　３が２つ入る６と、３が３つ入る９は、３の力が強く働く数です。６は奇数を内包する偶数であり、９は奇数でありながら、３で割り切れることから、偶数のような特性を持ち、両者には、奇数と偶数の両方の特性があることがわかります。

占いと数字の深い関係

　数を意味する数字に象意（しょうい）を持たせることから誕生したのが数秘術です。象意をベースにすれば、あらゆることを読み解けるようになります。数に象意の力が宿り、魔術やお守り、風水などにも用いられるようになりました。

　数に意味を持たせることは、数秘術に限ったことではありません。東洋の陰陽五行や易経、風水、西洋の占星術やタロットなど、いろいろなところで用いられ、多くの意味づけがなされています。数の基本を知っておけば、あらゆる占いに役立つということです。

　より便利に数を使いながら、数の意味を学ぶには、数字に慣れ親しむのが一番です。楽しみながら、毎日、数と触れあってみてください。例えば「これからどうしたらいいか」の助言を得たいとき。トランプを1枚引く、サイコロを振って数を導き出す、あるいはパッと開いた本のページ数や時計の数の下1けたに注目するなどしてみましょう。第5章のオラクルナンバーメッセージをチェックするのもよいのですが、奇数ならば「とにかくやってみる」、偶数ならば「様子を見る」と判断するなど、シンプルなところからはじめるのもオススメです。

マスターナンバーに
ついて

　数秘術では特別な数とされるナンバーを「マスターナンバー」と呼びます。主に「11」をマスターナンバーとすることが多いですが、最近では「11」に留まらず、「22」「33」「44」などもマスターナンバーとして、霊的な意味合いを加味することが多いようです。

　生年月日を1けたにする計算の途中、「11」や「22」などが出現すると、そこで計算を止め、マスターナンバーとする方式があります。ただ、この計算法は数秘術師によって異なり、「11」「22」が出る場合と出ない場合があるのです。

　さて、本書ではマスターナンバーを採用していません。それは、マスターナンバーを持つ人だけでなく、すべての人が特別であるという考えをベースにしているからです。また、シンプルな数で読み解くことで、数秘術を誰にでも手軽にお楽しみいただきたいという意図もあります。そこで、第2章の運命数は1～9のみ、誕生日数に至っては、そのまま読み解く方法を紹介しました。そして、誕生日が11日、29日（10の位と1の位の数を足すと11）を「2」のグループとして扱っています。22日も「4」のグループに入れました。これは、どの数も平等に特別で大事であることを前提にしているからです。

第2章

数字が映し出す
人生
〜パーソナル占い〜

あなた自身や周りの人々がどんな人物なのか。生年月日から導いた運命数と誕生日数でその人を知り、それを構成する成分をLUAオリジナルのヌメロステラで分析してみましょう。

生年月日が
教えてくれるもの

　生まれたときから、生涯にわたって変わることのない生年月日。好きな数も、そうでない数でも、ずっと持ち続けていくパーソナルな数字です。名前が人物を表すのと同じように、生年月日もまたその人を表し、この世界に確かに存在している証しといえるでしょう。

　生年月日を年、月、日で分けてみましょう。年は、その年の生まれを示し、年齢層を表します。月は、その人の生まれた季節や星座を示し、生まれた時期を表します。日は、さらに細分化したピンポイントの日付を示し、より個人的な要素を表しているのです。

　生年月日に潜む、それぞれの数の意味と、それらをすべてあわせて導き出す「運命数」を知ることで、自分や周囲の人々を多角的に見つめることができます。

　これまで気づくことのなかった自身の長所や短所を知ることはもちろん、人を理解するためのヒントも得られるでしょう。数を使って、お互いの特長を上手にいかし、ハッピーに生きていけたらステキですね。

運命数とは

　森羅万象は数で成り立つことが前提の数秘術です。人間も、この世に存在するあらゆるものと変わりなく、森羅万象の中に含まれています。人間という生き物も万物のうちの1つであり、現象の1つ。ですので、この世に誕生したときから、数を持ち、数の力の影響を受けていきます。

　人が生まれたときに与えられる数を、運命数と呼びます。生年月日から算出する運命数は、生涯、変わることのない数です。その人が持って生まれた生き方を意味します。自然と歩まされてしまう人生傾向を示す数といえるでしょう。

運命数の出し方

❶ 誕生年月日をすべて1けたずつの数字として足し算する。
❷ ❶で得られた2けたの数字を、さらに1けたずつ足して得られた数字が、あなたの「運命数」です。

例 ▶▶ 1973年5月24日生まれ

❶ $1+9+7+3+5+2+4=31$　　❷ $3+1=4$
　生まれ年　　生まれ月 生まれ日 ここで1けたが　　→運命数は
　　　　　　　　　　　　　　 出れば、そのままに。　　「4」

運命数 **1** の人生傾向

信念をつらぬいて我が道を拓く

　はじまりを意味する「1」を運命数に持つ人にとって、はじめての挑戦はごく当たり前のことなのかもしれません。目標が定まれば、それに向かって集中し、ひたむきに取り組みながら、我が道を拓いていきます。そんなあなたの様子を見て、ついて行きたいと思う人も現れるでしょう。好むと好まざるとに関わらず、自然とリーダー的な存在感を醸し出すのです。

　誰も足を踏み入れたことのないところに切り込んでいくあなたにとって、閉鎖的な環境はきゅうくつでしょう。人にあわせながら、ゆとりを持ってのんびり行うよりも、自らのペースで一気に進むことが成功のカギとなります。会社勤めよりも自営業に向くタイプです。周りからの評価よりも、やり終えたと思える自身の納得が欠かせません。そこに自信も生まれますが、傲慢な自分になると、大事なことを見落とすでしょう。

　自らの信念をつらぬいて、まっすぐに歩み続けることが、運命数「1」の人生のテーマなのです。

運命数 **1** の 恋　愛

　誰が見てもステキで魅力的な相手に惹かれます。何かしらに際立つ存在を求め、一目惚れをすることも。好きな相手に歩み寄るものの、意外にも好意を素直に示せずに、不器用な振る舞いになることが。一方で、勢いのままに愛を告白して結ばれるでしょう。ワンマンさを出してわがままになり、恋人を振り回す傾向も。

運命数 **1** の 結婚生活

　独立心のもと「自立して家庭を持つ」と思えば、結婚は早いかもしれません。しかし、仕事に燃えるあまり結婚に意識が向かず、関心を示さないこともあるでしょう。いずれにしても、結婚後にも自分の時間が必要で、相手から指示をされることや、制限を受けることは嫌うよう。独立しながらも支えあえる関係を求めます。

運命数 **1** の 仕事・金運

　結果を求められる仕事に精を出します。きちんとした評価を得て稼ぎ、自ら定めた目標をクリアするスタンスで燃えるタイプです。歩合制や年俸交渉ができるなど、自分の価値を大事にするとうまくいくでしょう。人を動かす仕事も◎。自ら稼ぐ金運です。稼ぎはよいですが、使い方も派手。貯蓄よりも投資が肌にあいます。

運命数 **1** の 健　康

　体調を崩してもすぐに回復するパワフルさがあります。行き詰まりを感じたり、断念せざるを得ないような状況になると、一気に強いストレスを受けることに。ストイックに進んでいける人だからこそ、自分や他人に厳しくなりすぎる傾向があります。食生活に注意しながら運動でストレス発散し、免疫力を高めましょう。

運命数 **1** の 開運アイテム

Spot

- はじめて訪れる場所
- 新装開店のお店や開拓地
- 出会いのスポット
- 異業者交流会
- 一歩、出たところ
- 一番前の席
- 北の方角
- 屋外の運動場や公園

Food

- 好物
- 自分で調理した一品
- すぐに食べられるもの
- カリウム（原子番号19）を多く含む野菜
- 腐りにくい食品
- 温かいドリンク
- のどあめ

Color

コントラストのハッキリした組み合わせや色調で、元気な雰囲気にまとめて。太陽が似合うレッド系を取り入れましょう。差し色のワンポイントも◎。

- レッド
- オレンジ
- テラコッタ

Beauty

シンプルでシャープな装いで、さっぱりした印象がしっくりきます。スポーティーなコーデでカジュアルにするか、カチッとオフィシャルにきめるかがポイントに。ヘアとメイクもあわせつつ、スカーフや襟元のアクセントでバリエーションを出すのもよいでしょう。

Person

率直な意見交換のできる人物が、心の支えになるでしょう。フィーリングがあいやすいのは、1、3、5、6の人。あなたを成長させるのは、4と8の人。4の人の堅実な取り組みは、あなたの未来を確実にします。8の人には管理を任せるとうまくことが運ぶように。

Action

- ケガに注意する
- はじめてのことに挑戦する
- 最後までやり遂げる
- いやなことは笑い飛ばす
- 新しい友達をつくる
- 冷静になる
- ケンカをしないようにする
- 人に褒めてもらう

運命数 **2** の人生傾向

人間関係を通じて磨かれる才能

バランスを意味する「2」を運命数に持つ人にとって、他者の存在あってこその自分という認識は普通のことなのでしょう。相手の気持ちを汲み取って、自らのものとして受け止める感受性の高さと、豊かな協調性があります。何をするにしてもパートナーという存在が欠かせないあなたにとって、パートナー選びがすべてなのです。公私に関係なく、行動をともにする相手次第で、人生が大きく左右されます。

よくも悪くも敏感です。相手の意図を察し、機転を利かせます。バランス感覚があり、交渉力も抜群。パートナーに入れ込んで同調しすぎることなく、しっかりと自分を持ち続けていければ、人をサポートしながら、成功への導き手となっていくでしょう。引っ込み思案で、目立つのを好みませんが、あなたの能力を認めてリスペクトしてくれる仲間と過ごすことで充実します。

人とともに歩みながら、自らを成長させていくことが、運命数「2」の人生のテーマなのです。

運命数 2 の 恋 愛

男女ともに繊細なやさしさの持ち主です。恋に揺れるロマンチストで、好きになった相手の心情を察しようと右往左往した結果、取り越し苦労に悩まされてしまうことも。恋に臆病で、せっかくのチャンスを棒に振ることも多く、いわゆるモテるのに恋愛下手というタイプです。もっと自信を持ちましょう。

運命数 2 の 結婚生活

生涯をともにするパートナーと結ばれることで、生きがいを感じるようになります。相手に尽くす喜びが、そのまま幸せに通じるからです。一方、やさしさと共感力から優柔さが生まれ、実行力を欠くことがあります。行動力のある明るいタイプと結婚すると、バランスのとれたハッピーな結婚生活を送れるでしょう。

運命数 2 の 仕事・金運

人との関わりが、仕事・金運の決め手になる人です。誠実さで信頼を得て、目上の人からの引き立てを受け、キャリアや金運を高めていきます。自らの欲に走り、人助けや感謝の気持ちを忘れてしまうと、得るものが減っていくでしょう。地道にスキルを磨き、人と協力し、貯蓄や不動産などで財を増やします。

運命数 2 の 健 康

基本的に静かでおとなしい人です。受け身的な気質がそのまま身体に表れているのでしょう。バイタリティに欠けるタイプです。しょっちゅう風邪をひき、疲れてダウンしてしまうこともありますが、注意していれば大病には至らないはず。精神的にも物理的にもムリをしすぎず、おいしいものを食べ身体を動かしましょう。

運命数 2 の 開運アイテム

Spot

- 自宅のキッチン
- 渡り廊下
- 橋の上
- お気に入りの場所
- カップルシート
- 思い出のスポット
- 南の方角
- 海辺

Food

- おいしいと思う食べ物
- 好みの器に盛りつけて食べる
- ゆっくり食事の時間を楽しむ
- 小魚などカルシウム
  （原子番号20）を多く含む食品
- 赤身の肉や魚
- 適量の甘いもの
- 豆類

Color

　淡いトーンでまとめましょう。
ほのかな色味で温かみやクールさ
を添えれば、アレンジになります。
バイカラーやグラデーションで、
境界線の揺らぎを感じるのも◎。
- ホワイト
- シルバー
- 淡いブルー

Beauty

　控え目でやさしい雰囲気のコー
デが魅力を際立てます。レトロに
まとめてみたり、和柄や和装を取
り入れるのもよいでしょう。メイ
クもナチュラル系にしつつ、ルー
ジュを差し色にするなど、さり気
なく。かわいい＋セクシーなど、
2つの要素を入れるのがポイント。

Person

　人間関係を重視するあまりに、
人づきあいのキャパシティが小さ
くなっているところがあるよう。
ムリなく馴染めるのは、2、4、6
の人でしょう。5の人からは、自
らを省みる機会を与えられ、7の
人とは、考えの違いが学びに。1
と3の人とは感覚のズレが。

Action

- 薄味のものを温めて食べる
- お茶を飲んでリラックスする
- 懐かしい人と会う
- 日記やメールを読み返す
- 世界と宇宙について考える
- 友達に相談する
- 勇気を出して挑戦してみる
- 言葉にして伝える

運命数 3 の人生傾向

喜びを創造して光に変える

喜びを意味する「3」を運命数に持つ人にとって、楽しむことは基本で、楽しければすべてよしという感覚があるでしょう。明るくて楽天的なあなたは、どこに行っても華やかな存在です。クリエイティブな発想でピンチを乗り切るセンスがあり、物事の捉え方もユニークでしょう。型にはまらぬ奇想天外なアイデアで、カリスマ性を発揮します。仕事、勉強、遊びのすべてに本気で取り組むことで芸術方面での才能が花開くでしょう。

どんなときにも光を見出すポジティブな感性で、知らないうちに人を救うこともあります。人からの引き立てで成功したり、チャンスを得たりしていくでしょう。ネガティブに傾倒すると、すべてが空回りしはじめるので、マイナスを引きずらず、プラスにスイッチしていくことが大事です。楽観性をキープするには、相当なエネルギーが必要になります。

どんなことにも楽しさを追求し、喜びを生み出し続ける。それが、運命数「3」の人生のテーマなのです。

運命数3の 恋 愛

　自由な恋を謳歌します。好意を抱いた相手が旬のタイプで、特定の人物像に縛られません。意中の人を振り向かせるのが得意で、いつの間にか相思相愛になっているでしょう。楽しいことを好むため、ある程度の刺激が欠かせません。自分が喜ばせるだけでなく、面白みのある人物と結ばれることが望ましいでしょう。

運命数3の 結婚生活

　独身でも既婚でも楽しめるので、結婚はしてもしなくても問題ないようです。お互いに信頼し、相手に一任するような独立した関係を築ければ、仕事と家庭を両立できるでしょう。子どもを通じた新生活にも楽しみを見つけます。よき理解者となってくれるパートナー選びで、ありのままの自分を続けていけることが大事。

運命数3の 仕事・金運

　天賦の明るさと表現力を仕事にいかせば、人間関係やお金の流れを生み出せるでしょう。クリエイティブな発想で難題を乗り越える強さがあります。楽しみながら仕事に打ち込むうちにお金が貯まるタイプ。一方、ラクをして楽しむことばかりを優先するようになると、浪費が進み、仕事とお金が回らなくなるでしょう。

運命数3の 健 康

　生命力にあふれる人です。ポジティブな気質で明るくパワフルに行動します。気分的なゆとりを持ち続けることができれば、健康管理も行き届き、大病を患うこともないでしょう。しかし、ストレスを抱え込むと、それを紛らわそうと享楽を求め、楽しみや肉体的な快楽、アルコールばかりに熱中することがあります。

運命数 3 の 開運アイテム

Spot

- 見晴らし台や展望台
- テーマパーク
- イベント会場
- 劇場
- 開放感のある部屋
- グリーンに囲まれた場所
- 北東の方角
- フリースペース

Food

- 創作料理
- 甘いもの＆辛いもの
- イベント系の特別メニュー
- シーンにあわせたドリンク
- マグネシウム（原子番号12）を多く含む魚介類
- 乳製品
- ブロッコリー

Color

派手ではなく、ソフトでありながらもイキイキした雰囲気にまとめましょう。フレッシュなイメージのイエローグリーンなど、美しい光を思わせる明るさを添えて。

- イエロー
- イエローグリーン
- ターコイズブルー

Beauty

さわやかなコーデで、あなたの明るさを表現しましょう。レディライク、またはメンズライクのどちらでもピュアな元気が出るように、ラフな感じと遊び心を添えられると◎。サングラスや腕時計、靴紐など、ユニセックスなオシャレを楽しめるアイテムをあわせて。

Person

どんな人とも仲よくなれますが、大事な人はごく一部という、狭き門の持ち主です。1、3、6、7、9の人とは、すんなりと馴染むでしょう。4と8の人からは、現実面で学ぶことが多く、5の人は、よい刺激に。2の人には大らかさを前面に出して。

Action

- 友達と会う
- プチ贅沢を楽しむ
- 試験やコンテストに挑戦する
- 辛辣な毒舌に注意
- とりあえず笑う
- 人を楽しませる
- 好きなことで充実時間を過ごす
- 1つずつ作業をこなす

運命数 **4** の人生傾向

築いた安定を維持していく

　安定と規律を意味する「4」を運命数に持つ人にとって、地に足のついた生き方こそがすべてなのかもしれません。勤勉な働き者で、計画通りに物事を進めていきます。実生活を送るなかで、夢の実現に向かって努力を続けることも忘れません。社会や周囲に貢献もするでしょう。金銭面でも管理が行き届き、物理的な豊かさを築きながら、それを安定させていきます。ただ、直面した問題の解決は得意ですが、想像の世界のことは苦手でしょう。

　地道に、時間をかけて物事を成し遂げる大器晩成タイプ。自らのやり方にこだわるあまりに、融通が利かなくなり、チャンスを逃すこともあるでしょう。持ち前の合理性を客観的に働かせながら、気持ちをうまく切り替えていくことが大事です。休息や余暇の時間も大切にしつつ、自らを丁寧に扱いましょう。

　こうして、自分の働きで夢を叶えていくことが、運命数「4」の人生のテーマなのです。

運命数 4 の 恋 愛

　結婚を視野に入れた交際を求めています。イージーな関係を結ぶことや、楽しいだけの交際を続けるのは望みません。恋人選びにも慎重になるので、好意を抱いて交際に至るまでの期間も長くなるでしょう。あなたの誠実さに応えてくれる相手選びが重要になります。お見合いや紹介なども、よき出会いの場になるでしょう。

運命数 4 の 結婚生活

　結婚してよかったと思うタイプです。家庭を優先することで安らぎの場を築いていきます。生活の充実のために働いて、家庭を守る喜びを感じるでしょう。現実的で安定した結婚生活を送る誠実さがあります。それに応えてくれる真面目で貞淑なパートナーが望ましいでしょう。浮気や不倫をするような相手はもっての外。

運命数 4 の 仕事・金運

　真面目な働きで信頼を得て、着実に立場を確立していきます。組織の一員としてルーチンをこなすのはもちろん、ミスの許されない計算や検査などで、逸材ぶりを発揮するでしょう。マネジメント能力も高く、お金の管理にも長けています。地道で建設的なスタンスを守っていければ、お金は自然と貯まっていくでしょう。

運命数 4 の 健 康

　安定した環境を必要とする人です。自らの生活環境はもちろん、家族や友人との関係がしっかり保たれることも、心身の安らぎに欠かせません。精神的なより所となる存在との健全な交流を持ち続けられるかどうかが、健康を左右します。大切に思える仲間をつくり、心身を安定させましょう。不注意からのケガにも注意！

運命数 4 の 開運アイテム

Spot

- 伝統を感じさせる古い町
- 不動産屋
- 長い階段を上る場所
- スポーツジム
- マッサージチェア
- 古くからの名所
- 西の方角
- 物置や倉庫

Food

- 定番の王道メニュー
- お腹にたまる食べ物
- しっかり食べる朝食
- ミントティー
- 自作の野菜や調味料
- 幼少時から好きな食べ物
- 早めに食べる夕食
- 寝る前の白湯

Color

落ち着いた濃い色合いに明るい差し色を添えるイメージでシックにまとめましょう。重厚な雰囲気があるものの、重すぎず、高級感のある色調です。
- ライトブラウン
- グリーン
- ライトグレー

Beauty

いつ誰に会っても心配のないコンサバ系のコーデがマッチします。ツーピースやスリーピースもよいのですが、ジャケットやカーディガンを羽織って、きちんと感を出すのも◎。襟のありなしで、カジュアル度を調整しつつ、メイクもシンプルに仕上げて。

Person

時間をかけて心を開くあなたは、どんな関係を築くにしても信頼が欠かせません。オープンでハッキリした1、3、5の人は、意外と歩み寄りやすいはず。似た感覚を持つ2、4、6、8の人は、お互いへの理解を深めやすいでしょう。7と9の人とは、理解力次第に。

Action

- 規則正しい生活を送る
- スポーツを楽しむ
- 湯船にゆっくり浸かる
- 寝具を整えて良質な眠りを
- ガーデニングで自然に触れる
- 慌てずにマイペースを保つ
- 丁寧に1人時間を過ごす
- 自分にご褒美をあげる

運命数 **5** の人生傾向

変化を起こしても振り回されず

躍動を意味する「5」を運命数に持つ人にとって、はじめての体験や挑戦は、自ら求めるスリルでもあるのでしょう。未来を恐れることなく、新しいフィールドに飛び出していくエネルギーにあふれています。マルチタスクで動くことが上手で、何でも器用にこなせる多芸多才な人です。何でもできてしまうからこその器用貧乏にならないように、これだけは続けようというものを持つことでベストな人生を送れるでしょう。

エンターテイメント性のある仕事に向きます。突然、転職をすることや、思わぬ土地に移住するなど、自分でも予想しなかった展開を迎えることもありそうです。同時に、強い刺激を求めるあまりに危険を冒し、自らを貶（おと）めるようなこともあるでしょう。自制心を失わずに、自らの軸を持ち続けていきましょう。自由とは好き勝手にしていいということではありません。

変化に振り回されることなく、挑戦していく。それが、運命数「5」の人生のテーマなのです。

運命数**5**の ☓・☓ 恋 愛 ☓・☓

ときめきを求めるのでしょう。誰かを好きになっても、また別の人が気になるということを繰り返し、恋愛遍歴を重ねていきます。次々と交際に踏み込むこともためらわず、ドラマチックな大恋愛を実践したくなるようです。恋に情熱を燃やしますが、冷めるのも早く、長く交際を続けるための努力が必要になるでしょう。

運命数**5**の ☓・☓ 結婚生活 ☓・☓

劇的な恋愛の直後に電撃入籍することのあるタイプです。その勢いを持続できれば、ハッピーな結婚生活を実現できるでしょう。刺激となるイベントを欠かさぬようにして、当初のテンションを保つことがポイント。身体の相性のよさも決め手の1つになるでしょう。魔が差しての浮気で離縁を招かぬように注意して。

運命数**5**の ☓・☓ 仕事・金運 ☓・☓

気まぐれな面もありますが、アイデアでビジネスを膨らませ、チャレンジ精神で成し遂げる人です。お金のためにやりたくない仕事をしていると、このセンスを損なうでしょう。目標を持ち、実現のために動けるかどうか。人とのつながりを広げながら、自らの心を満たせる仕事を選ぶことが成功のカギになります。

運命数**5**の ☓・☓ 健 康 ☓・☓

パワフルで豪快なので、元気そのものという印象があります。実際にバイタリティがあり、ムリをしても倒れることは滅多にありません。ワンマンに動き回り、ノンストレスに思えますが、そこが落とし穴になることも。物事や人にこだわりすぎると、無自覚のストレスで自らの身体をむしばむことになるでしょう。

運命数 **5** の 開運アイテム

Spot

・話題になっているスポット
・掃除を済ませたお風呂
・通ったことのないルート
・国際色が感じられる場所
・インポートショップ
・交差点が見えるカフェ
・北西の方角
・旅先

Food

・外で食べるお弁当
・テイクアウトのお惣菜
・やさしい味つけの料理
・オートミールなどケイ素
（原子番号14）を多く含む食品
・オーガニック食品
・卵
・アボカド

Color

　きらびやかで光沢のある素材感をまとうイメージです。色数を増やしたマルチカラーでまとめるのもよいでしょう。華やかさがポイントになります。
・スカイブルー
・ディープブルー
・マルチカラー

Beauty

　大胆な柄のトップスや、アシンメトリーデザインの服で、ゴージャスな存在感を醸し出しましょう。流行りのアクセを取り入れるのはもちろん、話題のコスメでメイクするのも◎。ヘアアレンジで、オンタイムとオフタイムに差をつけるのもオススメです。

Person

　大人数で騒ぎたいあなたは、誰とでも仲良くすることを望むでしょう。意気投合しやすいのは、1、4、5、7、9の人です。2と6の人は、相手の気持ちに寄り添い、時間をかけて深める関係に。3の人とは盛り上がりますが、目的を明確にする必要がありそうです。

Action

・自然の中を散歩する
・あちこち出かけて忙しく過ごす
・予期せぬ展開を楽しむ
・いろんなタイプの友達をつくる
・旅行や遠出をする
・短期集中と決めて打ち込む
・好奇心を味方にする
・人の話をしっかり聞く

運命数 6 の人生傾向

責任感と愛情の絶妙なさじ加減

　調和と責任感を意味する「6」を運命数に持つ人にとって、理想こそがすべてなのかもしれません。平和からもたらされる穏やかな美しい世の中で、人々がやさしさでつながるよう求めているでしょう。愛を願う思いやり深いあなたは、多くの人から慕われます。人のためになることを探し、それを実践しながら、自らに課した責任をまっとうしていく姿は、人から愛される人間力を生み出すのです。

　人とのつながりの中で和を目指します。仲間に共感することで絆を強めながら、グループを1つにまとめていくでしょう。人を世話する責任感が、教師や宗教家のような中心人物としての存在感をもたらします。パートナー選びはもちろん、相手との間で築かれた関係性で人生が動いていくでしょう。美しさと愛を見極める審美眼（しんびがん）をいかしましょう。

　責任感で多くを背負いすぎず、相手を信頼する強さを持って和合していく。これが運命数「6」の人生のテーマなのです。

運命数6の　恋　愛

　好きな人を大切にする人です。その想いを受け止めて真摯に応えてくれる相手を選べるかどうかが重要になります。誰にでも親切にすることで相手を翻弄し、自らを利用させてしまうことがあるからです。持ち前の自制心を働かせ、感情に振り回されないように。しっかり向きあって話せる相手が好ましいでしょう。

運命数6の　結婚生活

　愛するパートナーに愛情を注ぎ、温かな家庭を築くでしょう。相手や家族への気遣いも深く、ケアを怠りません。それが度を超した過保護とならないよう、さじ加減を守りましょう。また、結婚しようと思いながらも、心のどこかに迷いを残す傾向も。足踏みをしているうちに、婚期を逃してしまうこともあるようです。

運命数6の　仕事・金運

　人から求められ、人を喜ばせることができる仕事に向きます。自己満足ではなく、誰かの役に立つ働き方もいいでしょう。チームの一員として動くことで、長所を発揮します。お金も人とのご縁の中で生み出されるので、一緒に働くパートナー選びが重要です。人との関わり方と関わる相手を注視していきましょう。

運命数6の　健　康

　対人関係や処世術に表れるように、バランス感覚にすぐれています。それが、健康面にも好影響を与えるでしょう。ここまではがんばれても、ここからは休息が必要と判断し、自らのキャパシティを守ります。上手に制限することで健康を保つのです。一方、この守りの姿勢から怠惰を招き、肥満や成人病の恐れもあります。

運命数 6 の 開運アイテム

Spot

- 鏡の前
- ウォークインクローゼット
- 音楽ホール
- 美術館
- 待ち合わせの場所
- ラグを敷いたスポット
- 部屋や場所の中央
- 学校やカルチャースクール

Food

- 手作りスイーツ
- 談笑しながら飲むドリンク
- 幕の内弁当やビュッフェ
- ヨーグルトなど
  リン（原子番号15）を含む食品
- 旬の食材
- 鶏のササミ
- キャベツ

Color

やさしく淡い色の組み合わせで、キレイ目に品よくまとめましょう。子どもっぽくならない静かな雰囲気のグレーみがかった色味を選ぶのがポイントに。

- ローズピンク
- サックスブルー
- グレージュ

Beauty

オシャレのセンスの光るあなたなら、TPOにあわせたコーデで、いろんな装いを楽しめるはず。メイクやヘアにアクセントを入れたり、眼鏡にするかコンタクトにするかで雰囲気を変えるのもいいでしょう。会う相手にあわせたファッション選びも◎。

Person

心を通わせたおつきあいを広げていくことで、より充実します。誰にでもあわせられるあなたですが、自然にフィーリングがあうのは、2、3、4、5、6、8の人でしょう。1と7の人との関係では、あなたからの歩み寄りの努力が必要になりそうです。

Action

- キレイな空気を吸う
- 部屋を片付けて掃除をする
- 人との会話を楽しむ
- スパなどでくつろぐ
- 断るときは「ノー」と言う
- 物事の本質を見るようにする
- 美術館めぐりをする
- 身だしなみを整える

運命数 7 の人生傾向

知性を高めながら哲学を追求

　探求を意味する「7」を運命数に持つ人にとって、考え続けること、哲学することが人生そのものなのでしょう。未知のことに関心を示し、難解なテーマに向きあって集中力を発揮します。目の前にある人間関係や世俗的な話題に興味を持てず、物事への執着をほとんど持たないでしょう。表面的なところではなく、内面や本質について考え、じっくり見つめていきます。研究者や哲学者のような思考の持ち主です。

　専門分野に進むと、理想の人生を歩みやすいでしょう。事実や真理を求めるあまりに、感情や主観をないがしろにしがち。他者への共感だけでなく、自らの気持ちをないものとして扱うことがあります。独立しても孤立しないことが大事です。1人になれる時間を持ちながらも、人のぬくもりに触れるようにしましょう。知りえた知識を人前で披露するのもいいでしょう。

　世間に馴染みながら独立し、自らの世界観を築いていくことが、運命数「7」の人生のテーマなのです。

運命数7の 恋愛

　知的な探求を好みますが、恋する気持ちを追いかけるのは苦手です。自らの恋心にも素直になれず、素っ気ない態度をとったり、やたらと張り切ってチャンスを失うことも。恋愛を意識せず、自然に会話を楽しみながら関係を深めていくことが望ましいでしょう。離れていても不安にならない精神的な信頼が欠かせません。

運命数7の 結婚生活

　結婚しても、プライベートを維持できることが最低条件になるでしょう。詮索や束縛、余計な口出しをされることなく、お互いのプライバシーを尊重する関係です。精神的なつながりで結ばれることが、大前提になるでしょう。2人でいても、静かに落ち着いた時間を共有できる相手がベストパートナーになります。

運命数7の 仕事・金運

　1つのことに集中し、納得するまで深めます。専門知識や技能を身につけてエキスパートや研究者として活躍するでしょう。チームワークよりも、1人で完結する仕事で可能性を広げます。金銭的な充実よりも、精神的な豊かさを求めるタイプです。収入に見合う生活で収支の帳尻をあわせ、現実的に暮らしていくでしょう。

運命数7の 健康

　自らの考えを追求しながら自由に生きているように見えますが、その分、葛藤を抱えることも多い真面目な人です。きちんとしなくてはいけないという完ぺき主義的な感覚や、持ち前の集中力からストレスを招くでしょう。1人になって脱力し、心と身体のすべてを緩めましょう。不規則になりがちな食生活の見直しも◎。

運命数 7 の 開運アイテム

Spot

- 1人になれる場所
- 自分しか知らないスポット
- 山や丘の上
- 書店
- 図書館＆資料館
- 書斎（仕事部屋、勉強部屋）
- 南東の方角
- 教会

Food

- 規則正しく食べる食事
- 冷たすぎず熱すぎないもの
- 野菜たっぷりの鍋料理
- マンガン（原子番号25）を含む豆やナッツ類
- スムージー
- フルーツ
- 鶏の手羽元

Color

意外性のある奇抜な色の組み合わせでまとめましょう。モーブやバイオレットにグリーン系をあわせるなど、補色使いがポイントに。小物で取り入れるのも◎。

- ディープブルー
- モーブ
- バイオレット

Beauty

地味派手のコーデがぴったりきそうです。デザインが派手でも色が落ち着いている、シンプルだけれど、なかなか見ない風合いを感じさせるといったファッションであなたの独自性を出しましょう。光の加減で変化して見えるメイクの色みで、神秘性を添えて。

Person

相手と向きあって、受け入れることが、人づきあいでの課題に。馴染みやすいのは、3、7、9の人でしょう。4の人とは、お互いに補いあえる関係に。5と6の人とは、異なる個性を認めあえれば◎。相手を変えようとせず、自らを変えていきましょう。

Action

- 1人の時間を持つ
- 笑顔で過ごす
- 心の声を聞く
- 悪い想像をしない
- ヨガや瞑想で自分と向きあう
- マイブームを楽しむ
- 答えを決めずに考え続ける
- すべてを情報として見つめる

運命数 8 の人生傾向

偉大な目標に向かって歩み続ける

　力を意味する「8」を運命数に持つ人にとって、実力、権力、財力は、あってしかるべきものなのかもしれません。それを求めて野心を燃やし、成功を手にするでしょう。負けず嫌いから、ライバル視した相手に挑みますが、戦う意味のない相手を負かすことで満足するようになると、道を踏み外すことになるでしょう。目先の些末な目的に構わず、本来の長期的な目標に向かい、力を蓄えていけるかどうかで人生が変わります。

　人の才能を見抜くセンスをいかせば、必要な人材を集め、自ら組織を作ることもできるでしょう。指図されるよりも、リードしていく生き方がしっくりきます。自分が表に出るかどうかではなく、統率力で周囲をまとめながら、目指す道を歩み続けることです。成功を手にしたあとも、次の目標に意識を向けていければ、小さな問題にとらわれることもありません。

　手にした力に満足してあぐらをかかず、つねに偉大な目標に向かい続ける。これが運命数「8」の人生のテーマなのです。

運命数 **8** の 恋 愛

　仕事好きですが、恋をすると恋愛一筋になり、好きな人に夢中になります。シャイにしていようが、積極的にアプローチをしようが、傍から見るとバレバレの状態になるでしょう。体当たりで恋を成就させる一方で、失恋後の立ち直りも早く、次の恋に進んでいきます。好き嫌いが激しく、愛想をつかすと恋は終えんに。

運命数 **8** の 結婚生活

　基本的に仕事人気質です。結婚しても、家庭第一とはならず、仕事に精を出すでしょう。結婚生活をまっとうするためにも、外に出たり、趣味のことに没頭する時間が必要になるようです。配偶者がそれを理解してくれることが大前提になります。結婚後のコミュニケーションが、２人の未来を左右する決め手に。

運命数 **8** の 仕事・金運

　トップを目指して自らに磨きをかけていきます。実権を握り、頂点に立つことで本領を発揮するでしょう。よき出会いが引き立てにつながります。雇用される場合でも、何かを任されるポジションが好ましいでしょう。稼ぐ力と増やすセンスのある人です。財力への執着を持たず、人を大事にできれば、財産を築けるでしょう。

運命数 **8** の 健 康

　吉凶の運勢の波に、健康状態をかき回されるようです。基本的にスタミナのあるタイプですが、それが裏目に出ると危険信号になります。とくに好調期は注意しましょう。調子づいてしまうと、不眠不休で自らにムリを強いてしまい、コンディションを壊しがちになります。心と身体の限度をわきまえていきましょう。

運命数 8 の 開運アイテム

Spot

- 体育館
- 野球場
- 大木のある場所
- 大きなオフィスビル
- 銀行
- 有名人の記念館
- 東の方角
- 歴史を感じる古い建物

Food

- 「五目○○」の一品料理
- 誰かのために手作りした料理
- 人が喜ぶものを一緒に食べる
- いろいろな食材をとる
- 鉄（原子番号26）を含む肉類
- ルイボスティー
- 緑黄色野菜
- 青魚

Color

色みで濃淡を出しつつ、高級感のある雰囲気にまとめましょう。ゴールドでゴージャスにしても、派手にしないことがポイントに。質感や組み合わせる色で工夫を。
- ゴールド
- ベージュ
- キャラメル

Beauty

本物のアイテムを必ず1つ添えるようにして、ラグジュアリーな雰囲気で統一しましょう。カジュアルでも、本革の小物を取り入れれば、一気に高級感が漂います。性別を問わずにまとえる色使いもポイントに。ゴールドをほのかにのせたメイクもオススメです。

Person

立場を明確にしながらも、お互いにリスペクトしあえる関係が欠かせません。よき相棒になれるのは、1、3、4、7、9の人でしょう。相手を理解する努力ができるなら、2の人はよきサポート役となり、学びあえるのは5の人でしょう。忍耐力を身につけて。

Action

- 自制心を持つ
- 思い切り遊ぶ
- 身体を動かす
- 目標を明確にする
- 短気に注意
- 素直になる
- 人と比べない
- 悪い習慣を改める

運命数 9 の人生傾向

世界を大きくとらえ理想に向かう

　博愛を意味する「9」を運命数に持つ人にとって、壮大で理想的なテーマを掲げることは、決して特別なことではないでしょう。すべての人の役に立ち、誰にでも必要な手を差し伸べられる世の中を求めています。偏見や先入観を持たずに、人や物事に向きあおうとするでしょう。多くの人との出会いで経験を増やし、自らを高めていきます。人づきあいと環境の変化を経て、どんどん進化していくでしょう。

　人のためを思う奉仕の精神がチャンスを引き寄せ、人生をより豊かにしていきます。利己に走らず、やると決めたことを成し遂げていければ、必要なことが必要なときにもたらされるでしょう。助けられるよりも助ける方を好み、サービスを提供することや、福祉の現場などで活躍するタイプです。私事にとらわれず、マクロの視点で物事を見つめるクセをつけられると生きやすくなるでしょう。鹿を逐う者は兎を顧みず。自らを超越することが、運命数「9」の人生のテーマなのです。

運命数**9**の　恋　愛

　理想の愛のイメージがあるのかもしれません。それを育める恋人を思い描きながら、どんどん理想を膨らませていきます。気になる人が現れても、理想が先行し、リアルな愛に進めないことがある一方で、驚くような相手と結ばれることも。精神的な結びつきを確信できれば、それがすべてというところがあるのでしょう。

運命数**9**の　結婚生活

　結婚相手に染まる人です。既成観念や常識にとらわれず、相手次第でいかようにも自分を変えていくでしょう。結婚生活の中で自らを進化させていくのです。全身全霊で結婚生活を送るので、気持ちが離れたり、浮気といった事件が起きたりすれば、一気に興ざめするでしょう。お互いの心を通わせることが重要です。

運命数**9**の　仕事・金運

　世の中に役立つことに、大きな意義を感じるでしょう。単にお金を稼ぐために働くのでは満足できないタイプです。夢を忘れず理想に向かい、自らの精神性を高めていくことでチャンスが舞い込むようになります。お金の運も自然に舞い込むので、目先のお金に振り回されず、周囲の人の役に立つことを考えていきましょう。

運命数**9**の　健　康

　身体は丈夫なほうでしょう。メンタルは繊細で、気持ちの乱れがやる気に影響し、肉体的な不調を感じることがありそうです。大きな病気にはならなそうですが、自らの体力を過信して肉体的なムリを続けてしまうと、どんでん返しを招く可能性があります。気分をコントロールして、ほどほどに動くようにしましょう。

運命数 9 の 開運アイテム

Spot

- ショッピングモール
- 国際線が飛ぶ飛行場
- リニューアルされたスポット
- 夜も眠らぬ街
- 虹が出た（見えた）場所
- 天然温泉
- 南西の方角
- 古くからある神社仏閣

Food

- 手製のドレッシング
- コーヒー、紅茶（カフェイン入り）
- 安心できる材料で作った和菓子
- フッ素（原子番号9）を
  含む緑茶や魚介
- 起床して飲む1杯のお水
- 柑橘類
- ゴマ

Color

海外からのインポートの服にあるような派手で大胆な印象の色味を、バランスよくまとめましょう。一見普通でも、わかる人が見れば珍しい色使いがポイントに。

- パープル
- クリムゾン
- オリーブ

Beauty

どこで見つけたのだろうと思うような、ありそうでいてなかなかない服やアイテムを1つ添えましょう。伸縮性のあるニット素材やオーガンジー使いで、柔らかな印象にまとめるのも◎。メイクはナチュラルか、服にあわせた差し色で攻めるのもよいでしょう。

Person

同じ目的を持ち、共通点を見出すことで、交友関係を広げていけるようになります。3、6、8、9の人とは、肌感覚があうと感じるでしょう。2の人には寛大に接し、4の人にはペースをあわせられれば◎。7の人とは、不一致の部分から恋が芽生えることも。

Action

- 気分転換に外出する
- 人助けをする
- 1つの作業を終わらせる
- 小説や映画の世界を楽しむ
- 視点を変えてみる
- 音楽鑑賞する
- 明日の準備をする
- 結果を気にしない

誕生日数で
見る個性

誕生日数とは

　誕生日数は、生まれた日にちのことです。生年月日のすべてを使わず、また、1けたになるまで加算することもせず、「1日生まれなら1」「15日生まれなら15」と、そのままの数を用いて、その人の特徴的な個性を読み解きます。

　生まれた年は年代に、生まれた月は星座に結びつけられます。生まれた日にちは、日々夜空で満ち欠ける月に当てはめることで、パーソナリティーとして解釈できます。誕生日数も、生涯変わることなく、その人を表す数の1つです。

　ただ、本書では、誕生日数を9つのグループにしました。誕生日の数をバラバラにし、1けたになるまで足し算をした数でグループ分けしたものです。運命数が違っても誕生日数が同じ人や、同じグループの人に何かしらのシンパシーを感じることがあったり、似たような行動をすることに気づくでしょう。

1の要素を持つグループは、自らが働きかけながら新たなことに挑んでいきます。道を拓き続けることで、どんどん前進していくでしょう。その矛先をどこにどう向けるかで、未来の雲行きが変わっていきます。

1日生まれ

　我が道を歩む人です。誰からの指図も受けず、自らの決断のままにまっすぐ進むことに生きがいを感じます。思い立ったが吉日の如く、即断即決の行動で性急にことを進める場合もあるでしょう。

　物怖じせず、やってみなくてはわからないという前向きさがあります。同じことの繰り返しは苦手で、すぐに放り出したくなるでしょう。チャレンジや変化を続ける姿勢が大事です。

　野心家ですが、ある程度のポジションで満足すると、自らの挑戦を放棄することも。惰性で過ごすようになると失速する一方になるでしょう。次々と目標を見つけることが欠かせない人です。

10日生まれ

　自ら立ち上がる1の要素と、失うことを恐れない0で構成される1グループの人です。バイタリティにあふれ、負けず嫌いでしょう。音を上げる自分を許さないというストイックさがあります。

　独立心と競争心に熱く、よい意味でのプライドを持って、自身の力で事に当たっていくでしょう。切れ者で鋭く、実行力を備えた人です。目標に向かって計画すれば、必ず実現するでしょう。

　意欲的な取り組みで、夢を叶えますが、物事を勝ち負けで決めようとしはじめると、挫折してしまうことが。闘うのは他の誰かではなく、いつも自分自身であるという気構えが必要です。

19日生まれ

　自らの意思を意味する1の要素と、理想とカオスを内包する9で構成される1グループの人です。夢に抱く理想を確実に叶えようとします。意志の強い野心家で、理想に悩むときもあるようです。

　自分1人で成し遂げることを望み、それが叶わないとなると、夢が壊れてしまったように感じるでしょう。自立心の強さが災いすると、人との協力体制を持てなくなる傾向があるからです。

　グループを率いる裁量を備えています。自らがリーダーとなることで、理想のスタイルを築いていけるでしょう。豊かな独創性も輝きを増して、才能が花開いていくようになります。

28日生まれ

　異なるものを見据える2の要素と、力を持とうとする8で構成される1グループの人です。かなりの野心家ですが、目的を達成すると次のことに意識が向かうため、自らの野心を自覚しないところも。

　パワフルでへこたれない精神がありますが、何があろうと折れることを嫌う頑固さも。難関であるほどに燃える傾向もあり、苦労や困難を当然のこととして受け入れるたくましさがあります。

　物事を分析するクセがあり、変わった人という印象を与えるでしょう。基本的に冷静ですが、苦手なものに反応し、嫌悪感を顔に出しがちです。正直さで敵をつくらないようにすることが課題に。

　2の要素を持つグループは、相対するものを肌で感じる力にすぐれています。対極にあるものに限らず、自身と相手との関係にも敏感です。感じたことをどのようにいかしていくかで未来が変わっていくでしょう。

2日生まれ

　人としっかり向きあいながら、関係を深めていきます。愛情が豊かで、大切な人には惜しみない愛を注ぐでしょう。その一方で裏切りを恐れ、なかなか本心を出せずに悩むことがあるようです。

　どんなことでも受け止めて、それを通じてどうしたらよいかを考えていきます。この人にとって不可能はなく、理想を叶えるための方法が何かしらあるはずだと信じているところがあるでしょう。

　ロマンチストでやさしい人です。協調性があり、誰にでもあわせることができますが、こだわりを捨てることはありません。こだわりをどこに持ち、それをどうするかが人生を変えるでしょう。

11日生まれ

　はじまりや挑戦、自らの信念を表す1の要素が重なって構成される2グループの人です。自覚している以上に伝えたい思いを抱えて、そのやり場を探し続けているところがあるでしょう。

　何かをはじめたい気持ちがはやり、空回りをしてしまうことがある一方で、軌道に乗ることさえできれば、情熱を燃やして一気に理想に向かっていきます。目標を見つけることが大事です。

　柔和で夢見がちのところがありますが、かなりのがんばり屋でしょう。目指すことが決まれば、迷いを捨てて、我が道を歩みます。がんばりすぎて、キャパシティをオーバーしないよう注意が必要です。

20日生まれ

　矛盾や相対するものを受け入れる2の要素と、寄り添うものを10倍にする一方、無とする力もある0で構成される2グループの人です。目の前のものにどう向きあうかで未来が二極化するでしょう。

　カンが鋭く、言葉にされない相手の気持ちを察します。自分がどう思われているかに気をとられると日和見主義になりますが、自らの心の軸をしっかり持ち続けることで強くなるでしょう。

　円満な人間関係を築く穏やかさがありますが、気分屋の面も。わがままで相手を困らせることや、素直になれずにさびしい思いをすることがありそうです。潔癖さにも注意が必要でしょう。

29日生まれ

　人に寄り添う2の要素と、理想と博愛の9で構成される2グループの人です。細やかでやさしく、物事を頭ではなく、フィーリングでとらえようとするでしょう。直感力に恵まれています。

　高い理想に夢を抱きながら、繊細に心を動かすでしょう。潔癖で思い込みが激しく、決めたことを押し通そうとする強情さがありますが、情にもろく、最後はお人よしになることもあるようです。

　人間関係の中から運が舞い込むことが多く、欲を出すと運が逃げていく傾向が。利己よりも利他を優先できるかどうかで、得るものが変わり、運勢の浮き沈みにも変化が現れるでしょう。

誕生日数 **3** のグループ

3の要素を持つグループは、喜びに忠実で、どんなシチュエーションであろうと、光を見つけることができるポジティブさがあります。快楽的な喜びに留まらず、未来に喜びをもたらすものを見つけられるかが重要です。

3日生まれ

明るく楽観的で、物事にクヨクヨしません。気まぐれなところはありますが、おおむね朗らかでしょう。楽しみ方を心得た人で、その場を楽しむことがうまく、発想力も豊か。愛されるタイプです。

人懐っこさがある一方で、向上心が高く、人の指図を嫌います。機嫌を損ねると独善的になり、激しい攻撃性を見せることも。愛される自分を選べるかどうかで運命が大きく変わるでしょう。

よくも悪くも自分自身に正直です。やりたい。こうしたい。欲しいという欲求にも素直。その思いが、利己的な快楽の追求に向かうと、発想力をよからぬことに使い、嘘もいとわぬように。

12日生まれ

表現したい1の要素と、細やかな感性を持つ2で構成される3グループの人です。朗らかでやさしく、どことなく華やかさがあるでしょう。一緒にいる人を明るい気分にさせる魅力があります。

感受性が豊かで、表現力も抜群。人の話をそらさずに向きあうでしょう。社交性があり、いつも楽しそうですが、実は内的な葛藤を抱え、何かしらに悩み続けていることがありそうです。

呑み込みが早く器用でしょう。どんなことにも工夫を凝らし、オリジナリティを出すことができます。このセンスとやる気を目標に向けることで、独自の世界を築くことができるでしょう。

21日生まれ

　揺れ動く感受性を持つ2の要素と、自らはじめていきたい1で構成される3グループの人です。どんな相手とも打ち解けてしまう社交性と明るさがあります。話し上手で聞き上手の人気者です。

　元気で頼りになるタイプに見えますが、人知れず傷ついて、それを隠して笑顔を振りまくところがあります。そのうちに立ち直れれば問題ありませんが、無理のしすぎで心を病まぬよう注意が必要。

　理解が早く、柔軟に学びを深めていきます。ひたむきで、仕事や勉強にも真面目に取り組める人です。集中できる1つのことを見つけることができれば、その道のエキスパートになれるでしょう。

30日生まれ

　童心を持ち続ける3の要素と、すべてをないものとして受け止められる0で構成される3グループの人です。子どものピュアさを強みとしていかせれば、素晴らしい未来を実現できるでしょう。

　透明度が高く、物事の本質を見極めます。これと決めたことに集中し、徹底して取り組みますが、飽きてしまうか見切りをつけるような出来事があると、すべてをひっくりかえすことも。

　大人になっても子どもっぽさが残る人です。わがままな言動や享楽ばかりに意識を向けず、疑問を追求しながら喜びを見出していくことができれば、素晴らしい能力を開花できるでしょう。

4の要素を持つグループは、形あるものや功績の価値を、自らの肌感覚で感じることができます。生きるために必要なことを見据え、安定を保とうとするでしょう。安定させたいものが何であるかで未来が変わります。

4日生まれ

真面目な働き者です。タナボタで得られる幸運に憧れても、それがもたらされることに期待はしないでしょう。きちんとした生活を続けられるように、日々の行いを積み上げていきます。

時間をかけて物事に当たる姿勢が、そのまま人づきあいにも影響するよう。じっくり信頼を築いた人を大切にします。関係維持を思うあまりに、自らが耐える道を選んでしまう傾向も。

1つひとつのことに、マイペースに取り組みたい人です。周りと自分を比べすぎずに、我が道を歩み続けることで実りを得ます。頑固な自分に縛られず、負の考えを捨てることが成功の秘訣です。

13日生まれ

自ら行動したい1の要素と、何はともあれ楽しもうとする3で構成される4グループの人です。納得して喜べるものを見つけ、それを具体化して継続できるかどうかが未来を拓くカギになるでしょう。

やりたいこと、楽しいことに気をとられますが、決して浮ついてはいません。決めたことや目標があれば、それに向かって進んでいける強さがあり、体育会系の意気込みもあるようです。

負けず嫌いの努力家ですが、思い込みの激しさがあります。それがアーティスティックな感性としていかされることがある一方で、我の強さに結びつくと愛嬌を失い、気難しい人と化すでしょう。

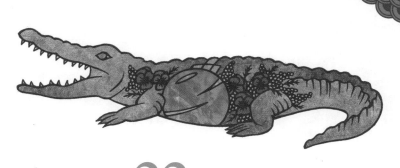

22日生まれ

　人間関係や感受性、相対するものを表す2の要素がダブルで重なって構成される4グループの人です。人の心の機微を自然に察し、細やかに対応するセンスがあります。流行にも敏感でしょう。

　独特の雰囲気や存在感があり、カリスマ的なオーラを放っています。考え方や発想がユニークで、少し話せば、頭がよい人であることがわかるでしょう。観察眼と鋭さも備えています。

　理想家ですが、現実目線も強く、自らの目標から逃げ出すときもありそうです。真面目さゆえの判断ですが、その真面目さがあれば、地道な取り組みで夢を実現できるでしょう。自分を信じることです。

31日生まれ

　喜びに素直な3の要素と、人をリードする1で構成される4グループの人です。誠実で真面目、他者のみならず、自分自身にも嘘をつかないでしょう。曲がったことが嫌いな努力家です。

　責任感の強さでことをまっとうします。信頼や人望を得て、人を率いる役目を担うケースも多いでしょう。人から頼られることで、リーダーとしての自覚と責任を持ち、実力と実績を蓄えていきます。

　感情に突き動かされることはなく、クールです。信念があり、それが頑なさを招くこともあるでしょう。人と一緒に喜ぶことに注目すると、よき流れが生まれ、協力体制を築きやすくなります。

誕生日数

5

のグループ

5の要素を持つグループは、変わることを求めながら、自らが変化を巻き起こし、そこで体験する刺激や冒険を通じ、スキルや才能を開花させていきます。浮き沈む波に揉まれることで、強さを増していくでしょう。

5日生まれ

細かいことにとらわれず、気になる世界を覗いていきます。関心の有無に関わらず、体験するチャンスに恵まれれば、そのタイミングを逃しません。人の気持ちをそらさぬフレンドリーさがあります。

アクティブな人です。実行力があり、何かしらいつも動いていようとするでしょう。旅行好きで、突然の遠出や外出にも積極的です。刺激を受けることで、頭の回転を速くしている可能性も。

明るくパワフルですが、接する相手の影響を受けてネガティブに転じることがあります。得た刺激に反応するので、自分にとって好ましい人との交友関係を大事にしたいところです。

14日生まれ

自発的に行動する1の要素と、現状を維持しようとする4で構成される5グループの人です。自己矛盾を抱えていますが、あまり深くは考えないでしょう。衝動的で、やや無責任さもあります。

よくも悪くも度胸が据わっているので、結果を恐れません。何があっても受け止める覚悟があるのでしょう。どんなことにでも挑戦し、それを地道に続けながら極めていく力を持っています。

飽きっぽいところがあるので、気まぐれや思いつきで放り出そうとしますが、そこを自制できるかどうかで未来が大きく変わるでしょう。自分のクセをうまく手なづけられれば、大成できる人です。

23日生まれ

　人づきあいを大事にする2の要素と、楽しさを求める3で構成される5グループの人です。おしゃべり好きの社交家で、交友関係を広げていくでしょう。順応性があり、どこにでも馴染みます。

　面白そうなことを見つけては首を突っ込んで、要領よくマスターするでしょう。どんなことでもこなせる器用さがありますが、マイブームが終わればそこでおしまいという飽きっぽさも。

　忍耐力のなさと言い逃れがネックになります。やると決めたことには、我慢をセットに取り組みましょう。せっかくの魅力と能力をムダにせず、自らの変化を楽しめるかが問われるでしょう。

誕生日数 **6** のグループ

　6の要素を持つグループは、周囲との調和を大切にします。平穏に過ごせる状況を求め、それを保つための努力を惜しみません。何が自分にとっての平和であるのか、その見極めが未来を左右するでしょう。

6日生まれ

　美的なセンスを持っています。オシャレが好きだったり、芸術方面の才能を持つ人もいるでしょう。人懐っこいような柔和な雰囲気があり親切です。人から好かれる魅力を持っています。

　人と心を通わせて、理解しようとするでしょう。面度見もよく、相手のことを思い、愛情を持って接しますが、その一方で、思い入れを強めてしまうと、期待を裏切られたように思うようです。

　如才なく、きちんとした人ですが、情緒に引きずられて自分を見失うことがあるでしょう。ほどほどをわきまえられる長所があります。イライラしたときは、一呼吸置くようにして。

15日生まれ

　自ら立ち上がる1の要素と、チャレンジ精神の5で構成される6グループの人です。独創的な感性があり、周囲の理解を超えることもあるでしょう。何気なさの中に光る個性があります。

　頼られると放っておけず、自ら背負い込んでしまうことがあるでしょう。惜しみない愛情を示しながら、大切なものを守ろうとします。親分的な器がありますが、情緒に走ると翻弄されることに。

　高い自尊心の持ち主です。意志が強く自分に素直、まっすぐな人でしょう。傷つくことがあっても、好きなものを集めて自分の居場所を整えることで、実力を発揮できるようになります。

24日生まれ

　相手に寄り添う２の要素と、安定を求める４で構成される６グループの人です。さり気ない心遣いで人に接するやさしさと、現実に忍耐強く向きあう強さを兼ね備え、人を大切にします。

　明るく穏やかで、相手を拒絶しない寛大さの持ち主です。ロマンチストな一面があり、心を通わせた相手に恋心を抱くことも少なくはないでしょう。ロマンスの機会を自ら増やせる恋多き人です。

　ふわっとしたソフトな雰囲気があっても、内面はしっかりしています。やるべきことはやるというスタンスで、地道な歩みを進めながら実績を積み上げます。人の助けも得られるでしょう。

7の要素を持つグループは、独自性が強く、濃厚な個性を備えています。知りえた事柄をどのように自らに落とし込んでいくかで、考えに考え抜くか、考える意識を持たないかの2タイプに分かれるでしょう。

7日生まれ

物事の本質を見極めるセンスがあります。自覚の有無に関わらず、分析好きで、理屈っぽさが目立つでしょう。考えすぎから落ち着きを失うことがありますが、そこから立ち直る強さもあります。

人との距離のとり方で苦労するでしょう。親しくなった相手に辛らつになることや、そんな自分を嫌悪して1人になろうとすることも。クールに見えて、実は感受性が強く、細かいところがあります。

パラドックスを内に秘める複雑さがありますが、自分のペースで物事を進め、実力をつけていくでしょう。困難を乗り越えて未来を拓いていける人です。旅行が気分転換になります。

16日生まれ

自ら飛び出していきたい1の要素と、調和の精神と責任感を大事にする6で構成される7グループの人です。自らの世界観を生きることを望むでしょう。周囲との関わり方が決め手になります。

頭がよく器用で、要領もよいでしょう。自制心もあるので、場を壊すことはありません。しかし、その一方では、1人で過ごす時間などに、誰も知る由もない大胆な行動を楽しんでいるでしょう。

聡明でしっかりした優等生タイプの面と、破天荒さを併せ持つユニークさが魅力です。1つのことに集中して継続することができれば、周囲が一目置くような特別な存在になるでしょう。

25日生まれ

　人との共感を大事にする2の要素と、自ら変化を巻き起こす5で構成される7グループの人です。自発的に動きたいがために、人からの指示を嫌い、頑なさを見せることがあるでしょう。

　他者から思われる自分を気にするところもありますが、物事への執着は持ちません。相手にあわせるノリのよさもあり、円満な性格ですが、時折、人への批判が激しくなることがあるでしょう。

　思い切りがよく、いつの間にか事を起こしてしまうようです。周囲に反対されていたとしても実行し、驚かせることも。思ったことへのこだわりは強く、人一倍の頑固さもあるでしょう。

誕生日数 **8** のグループ

8の要素を持つグループは、現実を直視することで、状況に応じた目標を明確にしていきます。今は何をすべきかを見つめ、ドライに振る舞うでしょう。想像以上にしっかりしていて、頼りになるタイプです。

8日生まれ

自分がしっかりしていなくてはという自負のもとに、どんな状況に身を置いていようとも、現実的に対応していきます。よくも悪くもリアリストで、夢に向かえるかどうかで未来が変わる人です。

人当たりがよくやさしい印象ですが、強い信念があります。思い描く夢をどう実現するかを考え、長期的なプランを練るでしょう。このシビアな感覚が裏目に出ると、自らの夢を手放すことも。

バイタリティにあふれた独自性の高い人です。利他に結びつく夢に向かうことができれば、自らの手腕を遺憾なく発揮できるように。意地でもやろうという強さが個性として光ります。

17日生まれ

自発的に動いていく1の要素と、研究熱心な7で構成される8グループの人です。やさしく思いやりがありますが、内に秘められた激しい情熱のもとに、野心で突き進んでいくでしょう。

高い知性を持ち、的確に判断しますが、思い込みやこだわりの強いところも。世の中の仕組みや組織に準じた価値観と、自らの朴訥（ぼくとつ）とした感性のどちらをとるかで、運命が変わるでしょう。

普段はクールですが、ホットなマインドのままに熱狂的になると、見極めを誤ることがあるかもしれません。しかし成功と失敗のいずれであろうと、大きな結果をもたらす威力を持っています。

26日生まれ

　人との関わりを大事にする2の要素と、調和の精神と責任感の6で構成される8グループの人です。どんな相手にもニュートラルに接し、いつの間にか親しくなってしまう"人たらし"でしょう。

　人柄も相まって、人からの応援や引き立てを受けることも。ここで自らを偽ることなく、本来の目的に落ち着いて向かうことができれば、大成も夢ではないでしょう。

　隠れ野心家で自信家の面もあります。穏やかで忍耐強いですが、フラストレーションを発散できずにいると、突然に自らを爆発させるでしょう。本音からの激しい毒舌にも注意が必要です。

9の要素を持つグループは、独特な世界観を持っています。それが見た目に表れることもあれば、考え方や行いとして出てくることもあるでしょう。醸し出す雰囲気の違いで、親しみやすいかどうかが変わります。

9日生まれ

アーティスティックな感性を持ちます。芸術家として活躍する人も多いでしょう。感受性が豊かで創造性に長けていますが、個性が強く、よくも悪くもエッジがきいています。

感情に流されるところがあるので、つきあう相手や身を置く環境が未来を大きく左右するでしょう。よき師と出会うことや、チャンスに恵まれることで、人生のドラマが展開していきます。

思いがけない出来事に見舞われる人でもあります。思いやりのある人柄を持ち続けることで、ラッキーハプニングが増えていくでしょう。人を愛し愛されながら、ご縁を広げていきましょう。

18日生まれ

自ら率いる1の要素と、しっかり管理して成し遂げる8で構成される9グループの人です。その場や相手を取り仕切り、マネジメントしていけるやり手でしょう。パワフルさがあります。

情にもろい面も特徴的です。周囲に流されてしまうこともありますが、その流れのままに勢いづいて、自らが他者を扇動しようとすることもあるでしょう。味方と同時に敵をつくるタイプです。

何でも実現できる力を持っています。それをどこにどう働かせていくかで運命が変わるでしょう。しっかり考えて取り組むことが強みになります。窮地にあっても乗り越えていけるでしょう。

27日生まれ

　人と向きあう2の要素と、思慮深さを持つ7で構成される9グループの人です。どんな相手とも真摯に向きあいながら、信頼を深めていくでしょう。メンターとしての役割を担うこともありそうです。

　偏見がなく穏やかで平和的なキャラクターですが、かなり突出した個性を持っているでしょう。片寄ったものの見方をしないのは、自らの独自性が強いことが影響しているのかもしれません。

　何かを強いられると、頑として譲らなくなる傾向があります。自己中心的になりますが、他者を感化する独自のオーラで、なぜだか相手を説き伏せてしまう不思議な人です。

隠れナンバーが見せる本性

　誕生月と誕生日から導く「隠れナンバー」で、いざというときにどんなことをするタイプなのかという、本性に迫ります。

　本性は、実際の行いや態度に現れやすい一面です。普段は穏やかな人の激しさや、真面目といわれるけれどピンとこないなど自分の本来の姿を見ることができるでしょう。

　引き算を使う簡単な計算で、これまで登場することのなかった隠れたナンバーを算出します。加算して1けたにするだけでは得られることのなかった「0」が現れる場合もあるでしょう。ではさっそく、隠れたナンバーを見てみましょう。

隠れナンバーの出し方

❶ 誕生月、誕生日を分解し、それぞれ1けたにする。
❷ ❶で出した誕生月の数から誕生日の数を引いて、出てきた数が隠れナンバーとなります。

※❷で出た数字がマイナスになった場合は、マイナスは考慮せず数字のみを見ていきます。

例 ▷▷ 12月2日生まれ
❶ 誕生月…1＋2＝3←誕生月の数は「3」
　誕生日…1けたなので、誕生日の数は「2」
❷ 3−2＝1←隠れナンバーは「1」

例 ▷▷ 5月25日生まれ
❶ 誕生月…1けたなので、誕生月の数は「5」
　誕生日…2＋5＝7←誕生日の数は「7」
❷ 5−7＝−2←隠れナンバーは「2」

隠れナンバーが **1**

「ではこうしましょう」と、グダグダとまとまらない場で一声を上げる人です。長引きそうで困るところを機敏に締めくくるので、無自覚のままに人助けをしているでしょう。

やや気の短いところもあります。人の言動を自分に対するものとして受け止め、負けず嫌いの反応を示すことも多いでしょう。

主導権や決定権を握ることを好みます。人任せにするのが苦手で、気づいたら指示出しをしていることがありそうです。

一番のりを目指します。新しい試みに挑むときは、トップバッターとして真っ先にチャレンジするでしょう。

隠れナンバーが **2**

「あなたがそう言うなら私も……」と、相手や周りに一任し、自らの考えを撤収します。

いつもはハッキリものを言う人でも、こういうときこそ意見が欲しいという場面で、なぜだか腰が引けてしまいがちに。相手を意識することで、その人に対する責任を負うことに耐えられなくなるのでしょう。

人の気持ちに寄り添おうとするやさしさの持ち主です。怒っているときでも涙が溢れ出すなど、涙もろいところもあるでしょう。

相手に譲歩しますが、情動の激しさがあり、思う以上にホットなタイプです。うかつに近寄ると火傷をすることも。

隠れナンバーが **3**

「仕方ないことだし、もう、いいよね」と、最悪な状況で生まれた最低の気分にピリオドを打てる明るい人です。

クヨクヨすることなく大らかですが、楽しければＯＫというイージーさもあり、節度を忘れてやり過ぎてしまう傾向も。悪ふざけと軽口には注意するようにしましょう。

好奇心が旺盛です。物事の継続が苦手と感じているなら、1つのことに対し、多くを見出すようにするとよいでしょう。

どんな相手を前にしても笑顔を絶やしません。性格のよい人という印象の通りに朗らかで、人から好かれるタイプでしょう。

- -

隠れナンバーが **4**

「よくよく考えたのだけれど、これは中止にしませんか」と、リスクをとることを極力避けようとする慎重派です。

石橋を叩いて渡る堅実さがあり、誤って後悔することはほとんどないでしょう。ところが、判断できずに踏み留まりすぎた結果、チャンスやタイミングを逃すことも。

根っからの注意深さは、肉体的な感覚にもしみ込んでいます。なぜだか突然変更した予定のおかげで難を逃れるなど、天性のリスクヘッジ力を持っているでしょう。

ものを選ぶ際にもリスクをとりません。偽物を避けて、本物を得ようとするでしょう。

隠れナンバーが **5**

「もう結構です」と、いきなりその場にどんでん返しをもたらすような、破壊的なことをしてしまう人です。いざというときに対処する、のではなく、自らがその「いざというとき」を生み出してしまうのです。

ただ反対に、これまでどうにもならなかった状況を一変させ、解決に導く、あるいは名誉挽回への道を切り開くこともあるでしょう。

落ち着きがなく、飽きっぽいタイプです。イライラを隠せないときもあります。自分を制御することが苦手なのは、いつも何かしらのイベントを求めているからでしょう。知的な刺激で自己成長することが大事です。

隠れナンバーが **6**

「わかりました」と、状況や相手を受け入れて、人の輪に加わっていきます。周囲と足並みを揃えるので、波紋を呼ぶこともありません。

一方、飛び込んだ環境が乱れていると、それを調整して和をもたらそうとします。不仲な人同士を仲裁したり、自らがクッションとなって、人と人をつなげていくでしょう。

チームワークを大事にします。仲間といる喜びから、活力を得るでしょう。

身だしなみや持ち物などにこだわりがあります。好きなものでまとめて、自分らしくあろうとするでしょう。やさしく誠実ですが、ポリシーを感じさせる人です。

隠れナンバーが **7**

「それは本当ですか」と、まずは疑ってかかるところがあります。それだけ思慮があり、しっかり判断しようとする人です。

土壇場の状態であっても、ムダな動きをせずに、的確に行動したいと思うのでしょう。疑わしさや興味から気にかかることがあると、原因や謎を突き止めようとします。

落ち着いて考えることを望み、1人になろうとするでしょう。とくに、キンキン声の人がいると、居たたまれなくなるようです。

1つのことに集中すると、ほかのことが見えなくなる傾向があります。見過ごしていることがないかを確認したいところです。

隠れナンバーが **8**

「確実な道を選びましょう」と、状況を見据えた行動をとる人です。なぜだか使命感があり、失敗を許さないでしょう。

実際にできることは何かを考えますが、それが度を超して、手段を選ばぬ方向に向けられることもありそうです。完ぺきや絶対を求めるところもあります。

損か得かを考えて、失うものを最小限に抑えようとします。計算に強く、割り勘の際の仕切りも得意でしょう。

物事に対するドライさを感じさせますが、意外にも執念深いところがあり、人から受けた仕打ちを忘れることはありません。

△▽△▽△▽△▽△▽

隠れナンバー

が

0

△▽△▽△▽△▽△▽

「なければないでどうにかなる」というスタンスで、気持ちをスイッチできる人です。

たとえば、時間をかけた作業でも、気に入らないと思ったり、やり直しが必要になれば、全部をリセットしてはじめからやろうとするでしょう。かなり思い切れるタイプです。

惜しむことなく、バッサリいくので、同じ立場にいる人からすると、迷惑な存在になりそうです。しかし本人は悪びれることなく、過去を忘れて前に進んでいくでしょう。

この感覚は、人間関係にも当てはまります。中途半端に関係を戻すこともなく、傷つくことがあったとしても割り切るでしょう。

第２章　数字が映し出す人生〜パーソナル占い〜

隠しきれない 9

隠れナンバーには「9」は存在しません。これは、9が1けたの数字の最大数だからです。大きすぎるため、隠そうとしても隠せないのです。

「9」は、1から9のサイクルの最後の数。ですから、1から8の数の要素を内包していることになるでしょう。「隠れナンバー」からは姿を消したとしても、どの数字にも9の要素が含まれているといえるのです。

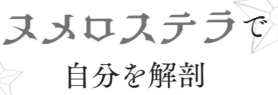

ヌメロステラで自分を解剖

　「ヌメロステラ」は、自分を構成する成分を分解して読み解く占い方です。"二数"を用いて、数字を立体的に分析します。

　二数とは、０から９の数を２つずつのペアにしたもの。２種類あり、合計が９になる二数は「テーマ」、合計が10になる（ただし０・５のペアは除く）二数は「行い」を表します。

　この二数を、図にしたのが「ヌメロステラ」です。数秘術を意味する"ヌメロロジー"と、図の形状である星を意味するラテン語の"ステラ"を組み合わせて名づけました。

　このヌメロステラは、頂点にある「有無」から時計回りにつなげた１つのストーリーとなっています。**有無**がせめぎあい**流れ**が生じ、**現実性**が問われます。そこを**バランス**感覚で調整し、**喜び**を得ます。ここで他者を受け入れる**素直さ**を持つと、その他者のことを**思案**するようになるでしょう。他者と幸せになるために動けば（**利益**）、素晴らしい**自身**が確立され、ストーリーはいったん終了。そして新たなストーリーが始まります（**終始**）。

　この図に、生年月日の数字を１つずつ書き込むだけで、その人を分析できます。222ページに用意したかきこみシートを使い、ぜひ自分の構成成分を分析してください。

二数一覧　★左の表が「テーマ」、右の表が「行い」を表します。

有無の二数	9	すべて
	0	無

現実性の二数	5	野心
	4	実直

喜びの二数	6	感性
	3	楽観

思案の二数	7	哲学
	2	情緒

自身の二数	8	貫徹、自力
	1	率先、リーダー

流れの二数	0	静的
	5	動的

バランスの二数	4	安定
	6	調和

素直さの二数	3	好奇心
	7	探求心

利益の二数	2	奉仕
	8	管理

終始の二数	1	スタート
	9	到達

ヌメロステラの作り方

　ヌメロステラにある数字のうち、自分の生年月日の数字を1つずつ「○」で囲んでいきましょう。数字が複数ある場合は、「正」の字で何個あるかをチェックすると便利です。

　生年月日をつくる数字はどれも等しく大事な成分です。生年月日の数字のある箇所に色を塗ると、分布が明確になります。中央には運命数を記入してください。

例 ▸▸ 1990年9月23日生まれ

❶ 生年月日の数字（1、2、3、9、0）を「○」で囲み、複数ある数字「9」は、何個あるかチェック。

❷ 「○」をつけた数字に色を塗り、中央に運命数6を記入。

❸ この人は、**有無**、**流れ**、**喜び**、**素直さ**、**思案**、**利益**、**自身**、**終始**の要素で構成され、**9**を3個、**1**、**2**、**3**、**6**、**0**を1個ずつ持っていることがわかります。

有無 の二数とは

0・9

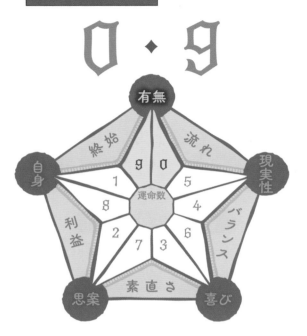

　すべてはそこにあり、しかし、それは常態化しません。9のすべても、もとは0の意味する無に通じるもの。すべてを手にし、コンプリートしたところでリセットされるイメージです。

　いっぱいになった器には何も詰め込むことができません。ここからまた新たなはじまりに進んでいくには、一旦、中身を取り出して空っぽにするか、これとは別の器を用意することになるでしょう。

　「すべてある」ものが「無になる」という、裏と表がひっくり返る関係にあるのが、0と9の二数です。9は0を必要とし、0は9を生み出し、ものごとを循環させているでしょう。

　この二数を持つ人は、得たものを還元し、はじめからやり直すことを厭わぬのが強み。執着しすぎると、停滞してしまうでしょう。

流れ の二数とは

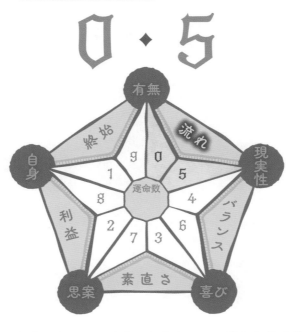

　流れは、変化をもたらします。何もない０の静かな停止状態から、動きのある５の動的な状態への変化が、流れを生んだともいえるでしょう。何もない空っぽの「エンプティ」を意味する０は、何らかの影響を受けて、はじめて変わることができる数字です。

　また、動きがないからこそ、小さな力を加えるだけで大きな変化が生じます。静寂に包まれた水面に、たった一滴のしずくが落ちただけで波紋は広がります。波紋はどんどん大きくなりながら、水面一帯を揺らすでしょう。小さな変化にも気づく０の静寂は、５の威力をより大きくし、流れを生み出します。静と動の二数です。

　この二数を持つ人は、変化を恐れません。働きかけるか受け入れるかの違いはありますが、状況にあわせて動いていくでしょう。

現実性 の二数とは

4・5

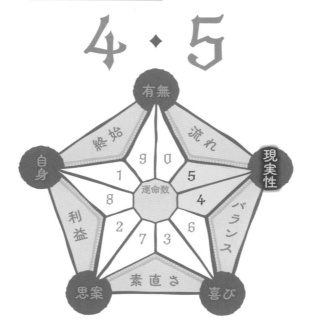

流れがある現状に身を置くと、実際にどうしたらよいかを考えて行動するようになります。そこに出てくるのが4と5の二数です。

リアルを直視する4は、その場でできる可能なことを実直に進めていきます。そこには義務感も影響しているでしょう。「こうしたい」という望みを持たせ、突き動かすのが、5の野心です。ひたすら成すべきことをこなす4と、目標に向かって動き出す5は、現実面への対応の違いを意味する二数です。どちらもリアルな現状を見つめ、そこに対応しようとする現実性があります。

この二数を持つ人は、リアリスティックにものごとをとらえることができます。理想のためにどうするのかを考えながら、実現への道を探すでしょう。

バランス の二数とは

4・6

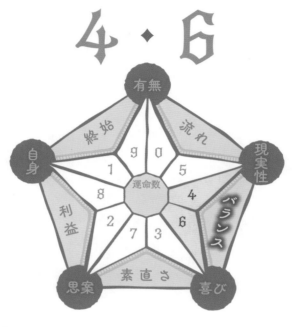

　ものごとや人間関係に対するバランスは、半分半分であることがマストでもなく、そもそも分けられるものばかりとも限らないのが現実でしょう。そんな中で、どのように帳尻合わせをしていくかを問うのが、4と6の二数です。

　安定を目指す4は、保身的なスタンスから現状を維持しようとするでしょう。調和を求める6は、周囲に自らを馴染ませて溶け込もうとします。安定を目指して調和していく4と6の二数は、スタイルは異なるものの、どちらも平和で平穏な状態に向かっていきます。周りに譲ってもらいたい4と、周りに合わせたい6の違いです。

　この二数を持つ人は、柔軟に応じるあまり、宙ぶらりんになることも。きっちり分けることが均衡をもたらすのではないのです。

「喜び」の二数とは

3・6

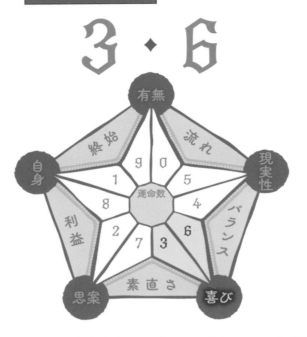

　喜ばしい状況は、当事者をハッピーにします。その喜びをどのように手にして周囲に広げるのかを問われるのが3と6の二数です。

　喜びを生み出し続ける3は、自らの行動や働きかけで、その場を楽しくしていきます。苦難の中にも学びを見つけ、それを楽しみに変える楽観性があるのです。繊細な6は自らの感性で周囲と足並みを揃え、衝突や争いを緩和。場を丸く収めることで喜びをもたらすでしょう。どちらも喜びを招きますが、自らが楽しもうとするピュアな3は、心から楽しむことで周りを巻き込みます。6は周囲を1つに和合して、一体感のある喜びを目指すでしょう。

　この二数を持つ人は、明るく快楽的。ネガティブな発想を嫌いますが、負に引きずられても仕方ないと冷めたところもあるようです。

◈∘◈∘◈∘ 素直さ の二数とは ∘◈∘◈∘◈

3・7

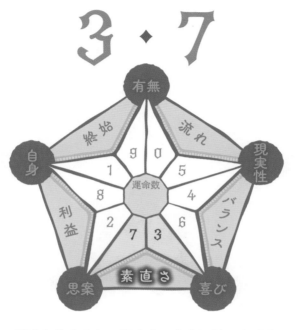

好奇心で興味を抱く３と、探求心のままに追いかける７の二数です。どちらも、自らの心に素直で、周囲の目を気にしません。だからこそ、素直なままでいられるのです。

　自分の思いに真っすぐに進みますが、好奇心で動く３は、軽い気持ちで飛びついて、その瞬間を謳歌し、あとは忘れてしまうことも。探求心を持つ７は、１つのことを掘り下げて追求するので、自身が納得するまで情熱を持ち続けるでしょう。ものごとに取り組むきっかけとスタンスは異なりますが、情緒的な感情に振り回されることなく、自らの考えやひらめきに任せて正直に動いていくのです。

　この二数を持つ人は、とても率直です。他者からどう思われるかよりも、自分を偽ることを恐れます。不器用ですがピュアな人です。

思　案 の二数とは

2・7

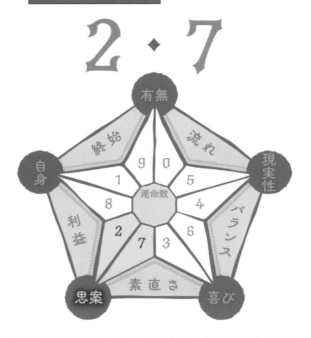

　思いをめぐらせていると、そのことで頭がいっぱいになり、ほかのことが手につかなくなることがあるでしょう。そんな思案を続ける2と7の二数です。

　人の気持ちを汲み取ろうとする2は、相手のことを考えて思い悩みます。どんなに考えても答えの出ない人の心にとらわれ、身動きできなくなることもあるでしょう。それに対し、自らの考察をもとに推理し、知識として追いかける7は、哲学を深めながら、ディープにものごとを掘り下げていきます。情緒的になって思案する2と、自身の学習や哲学のために自ら思案していく7です。

　この二数を持つ人は、理想や夢を思い描くロマンチストです。思いをめぐらし、自らの心に問いかけて、揺れ動き続けるでしょう。

◈◦◈◦◈ 　**利　益**　の二数とは ◦◈◦◈

2・8

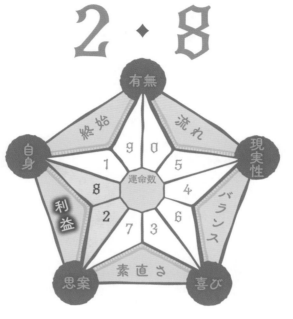

　利益(りやく)は、仏からの恵みを表す仏教語です。得た恩恵を自身のみならず、他者にも役立てていくことを意味します。自分本位では得られない大きなテーマを掲げる二数です。

　相手に思いを馳せる2は、その人物のためにできることを求め、献身します。相手の求めるもので奉仕し、利益を生むのです。それを俯瞰する8は、自身を含む多くの人を管理し、人々に利益がめぐるように働きかけていくでしょう。人に求められての奉仕と、自らを管理しながら人々をまとめるポジションは、一見、相反するものですが、どちらも利益につながる行為なのです。

　この二数を持つ人は利他をもたらしながら自らの利益を得ることが求められています。利己に走らぬ寛容さが重要です。

1・8

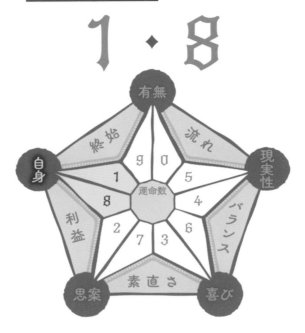

　「自分」を意味する自身の二数は、己が求めることを明確にし、その実現に向かいます。思ったことを率先する1、じっくり時間をかけて温める8。自らの決意とやる気でことを成し遂げる二数です。

　思ってすぐ実行するにしても、考えを練り上げてから行うにしても、自らの意志と実行力が問われます。中途半端な気持ちからの取り組みでは、目標に到達できません。自身があってこその実行力なのです。先に立って行動するリスクをとる1と、何があろうと貫徹しようという8の地道さが、自身を強くするでしょう。

　この二数を持つ人は、自らが求めることに向かって具体的に行動する情熱があります。実行できないとパワーがくすぶるので、自分から動いていきましょう。

終始 の二数とは

1・9

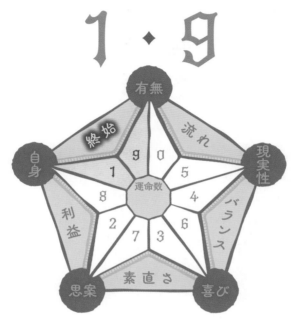

　ものごとがはじまれば、それはいずれ終わります。終わるからこそ、新しいはじまりのときが訪れるという、終始の関係を表す1と9の二数です。

　1は、何かしらの目的に向かうときにスタートを切ります。そして終着点が遠くても近くても、そこに到達する9の地点で一段落し、終わりの瞬間を迎えます。到達したら、次の新しい目標を目指して歩み出すという循環です。始点と終点を行き来しながら、ものごとを成し遂げて成長していくでしょう。はじめるだけでも、終わらせるだけでも成り立たない「循環」です。

　この二数を持つ人は、ケジメをつけて歩むことで、次々と目標を大きくします。それを1つずつ叶え、理想を更新し続けるでしょう。

ヌメロステラの
数字が
教えてくれるもの

　ヌメロステラの数字は、その人を構成する成分を表します。あなたのヌメロステラにある数字のバラツキや偏りに注目したり、１つも持っていない箇所を確認してみましょう。

　二数の片方があれば、その要素の片側を保持していることになります。両方揃っているかどうかよりも、どのように数字を使っているかを考えて、自分を分析してみましょう。

ヌメロステラの **1** が教えてくれるもの

　何かをはじめようとするときは、自分の意志を主張します。考えを持ち、それを自ら人に伝える力を表す１です。

　1が1つあれば、考えがはっきりしているでしょう。しかし、人に伝えることは苦手で、口下手になることもありそうです。

　2つあれば、意図することを他者に伝えることに長けているでしょう。同時に、自己主張が過ぎることもあるので注意が必要です。

　3つ以上あれば、持論をもとに議論をしたり、考えをまとめて形にすることができるでしょう。減らず口になる可能性もあります。

　1がない場合は、言葉で自分を表現することをせず、態度で示すことがありそうです。

ヌメロステラの **2** が教えてくれるもの

　自分と相手の両者を見つめ、自らを意識します。相対するものがあって、そこで心を動かす感受性を生み出す2です。

　2が1つあれば、心の動きに敏感で、よくも悪くも繊細な人になるでしょう。涙もろく、センチメンタルな面もありそうです。

　2つあると、心のふり幅が大きくなります。共感できる相手が増えて、心を開きやすくなりますが、その分、苦労することも。

　3つ以上あれば、自らの直感に自信を持って強気になりますが、感情を持て余したり、頑固になることがありそうです。

　2がない場合は、情緒に振り回されることがなく、ドライなところが強まります。大らかであると同時にずぼらになるケースも。

ヌメロステラの**3**が教えてくれるもの

　2つあるものを踏まえて3つ目を創造します。新しく創ることで頭脳を刺激し、ひらめきを得る3です。

　3が1つあれば、経験や知識をもとに、ポジティブな解決策を導きます。打たれ強く、悪しき過去を引きずらないでしょう。

　2つあると、好奇心と楽観性が倍増し、思いつきの行動が増え、異分子となって周囲を乱すことがありそうです。

　3つ以上あれば、知性が高く聡明ですが、自信家になりがち。他者をないがしろにしないよう気遣いが必要です。

　3がない場合は、周囲に一任する一方で、ネガティブな考えを持ちやすくなるでしょう。他者の顔色をうかがいすぎないことです。

ヌメロステラの  が教えてくれるもの

　4点で立つことで物理的に安定します。堅牢な構造を築き、秩序をもってシステマチックに維持していく4です。

　4が1つあれば、現実を見据え、地に足の着いた行動ができます。安定的な取り組みで、計画を着実に進めていくでしょう。

　2つあると、目標を確実に実現していきます。苦労や鍛錬も厭わないので、大抵の夢を叶えられるでしょう。

　3つ以上あれば、手先が器用で、類まれな努力でエキスパートになれます。1つの目標を決めてまい進することが欠かせません。

　4がない場合、夢見がちな傾向に。ものを整理することができず、地道な努力も苦手、飽きっぽいところもありそうです。

ヌメロステラの **5** が教えてくれるもの

　四捨五入で繰り上げることで、新たな流れをつくり、別のものが見えはじめます。野心を生んで変化をもたらす5です。

　5が1つあれば、自らの求めることに向かって、チャンスを探し、それをつかんでいきます。人との関わりが決め手になるでしょう。

　2つあると、チャンスを自ら生み出そうと働きかけます。性急な展開を求めるあまりに、強引さが出てしまうことも。

　3つ以上あれば、状況やものごとへの影響力が大きいでしょう。他者にも影響するので、安易さを慎み、周囲への配慮を。

　5がない場合は、動くことが苦手でしょう。自ら出かけたり、何かを計画しようとすることが面倒で、人任せにしようとする傾向が。

ヌメロステラの **6** が教えてくれるもの

　美しさは調和から生まれます。異なるものが合致することを意味する六芒星（ろくぼうせい）を形づくる6は、人との調和で世界を広げます。

　6が1つあれば、ほどよいバランス感覚で人と向きあいます。誰にでもやさしさを示し、大事な人をいつくしむでしょう。

　2つあると、求めるものへのセンサーが敏感になります。感性が研ぎ澄まされますが、人づきあいでは執着が生まれることも。

　3つ以上あれば、大切に思うものとの一体化を目指してしがみつきます。思い入れを強めすぎず、意識を分散させることが必要です。

　6がない場合は、何かにあわせようという意識を持てず、自分のことを中心に考えやすくなるか、逆にあわせすぎる傾向に。

ヌメロステラの **7** が教えてくれるもの

　三角形の3に、四角形の4が合わさることで生まれる7の形状は、導きをもたらす灯台のよう。永遠の魂と精神の光を意味します。

　7が1つあれば、課題を直視して乗り越えようと努力します。目標を叶えるために、ストイックになって取り組むでしょう。

　2つあると、誰にも頼ることなく、困難を自力で克服していきます。強い精神で自らを奮い立たせ、リスクを恐れません。

　3つ以上あれば、これではいけないと自らを追い込みます。苦労に飛び込むかのようですが、葛藤を繰り返して成長するでしょう。

　7がない場合は、見返りやメリットに気を取られ、俗物根性を出したり、他者に犠牲を強いることがありそうです。

ヌメロステラの **8** が教えてくれるもの

　「∞（インフィニティ）」は、2つの四角形（◇）が連なった形です。無限に積み重ねられる行いとしてのカルマが8の力をもたらします。

　8が1つあれば、ものごとをしっかりこなします。真面目で厳格、折り目正しさがあり、ち密な作業が得意で、手に職をつけます。

　2つあると、何でも初志貫徹にこなしますが、人を信じて任せることができず、人づきあいに苦労する傾向があるでしょう。

　3つ以上あれば、どんなことにも意欲を燃やしますが、1つに絞れず器用貧乏に。自分の得意を見つけることが必須です。

　8がない場合は、ものごとを管理したり、継続することが苦手でしょう。義務を与えられないとルーズに過ごす傾向も。

ヌメロステラのが教えてくれるもの

　０から９の数の最大数９は、すべての数を内包します。この世のすべてであり、自らが目指していた理想に到達する９です。

　９が１つあれば、目指すことに向かって自ら動きます。動かないときは、理想を膨らませすぎて行動が伴わなくなっているでしょう。

　２つあると、やりたいことを実行せずにはいられないように。突然の思い切った行動で周囲を驚かせることもあるでしょう。

　３つ以上あれば、求めるものが多く、行動に結び付かない傾向が。そこから精査できるか、すべてを手放すかになるでしょう。

　９がない場合は、理想を思い描かず、動物的な行動が目立つようになります。無意識的に本能で動くことがあるでしょう。

ヌメロステラの 0 が教えてくれるもの

　なにもない空っぽの状態を意味する0。ですが、0以外の数字と並ぶと特別な力を発揮できます。たとえば、8のとなりに0を並べれば80となるように、となり合う数字を10倍に膨らませます。一方、8に0をかければ0としてしまうように、あらゆる数字を無効化し、0に戻してもしまいます。

　生年月日に**0が1つ以上あれば**、可能性が広がります。ただ、その可能性がどう出るかは寄り添う数字に依存します。また、寄り添い方によっては、すべてを帳消しにすることも、大きく飛躍させることもできます。

　なにも持たない0は、求めることをせず、すべてを受け入れる癒やしももたらします。**0がない場合は**、癒やしを得にくいでしょう。

ヌメロステラを
重ねてみる

　ヌメロステラは、数字の分布が二数のどこにあるかを見て、運命数への影響を読み解く図です。運命数だけでは知ることのできない自分を知ることができます。

　1人のことをじっくり分析するだけでなく、2人の相性を読み深めたり、2人が協力するとどんなことができるかもわかります。カップルやビジネスパートナーのヌメロステラを重ねると、長所・短所が明確になり、課題の解決策を導けるでしょう。

　家族やグループなど、複数人のヌメロステラを重ねることも可能です。苦手な相手とうまくおつきあいするために、第三者を介入させることがあるように、人と人が集まることで生まれる新しい可能性を知ることができます。問題克服のヒントを得れば、不可能が可能になるかもしれません。

　複数人のヌメロステラを重ねたとき、4つ以上ある数字については、十分にその数字の力があると判断しましょう。1つ、2つ、3つの数字には、ヌメロステラの数の読み方を参考に、こんな特色が出てくると読み進めます。

　では、HさんとMさんご夫妻のヌメロステラを分析しながら、お子さんのAくんが成長した未来を見てみましょう。

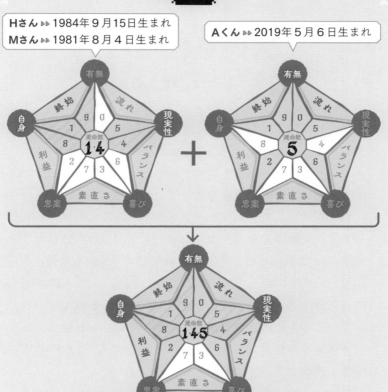

Hさん ▶▶ 1984年9月15日生まれ
Mさん ▶▶ 1981年8月4日生まれ

Aくん ▶▶ 2019年5月6日生まれ

　HさんMさんご夫妻のヌメロステラを見ると、1が4つ、9と8が3つ、4が2つあることから、理想が高く、それを手にするためには何でもやるという姿勢がうかがえます。2人の運命数1と4を足して1けたにすると5。変化や刺激を求める傾向があり、落ち着かないご夫婦でしょう。

　そこに運命数5の子どもが生まれ、3人の運命数を足し、1けたにすると1。0、2、6も加味され、利他の精神が喜びにつながり、夫婦に癒やしがもたらされるでしょう。

名前を使った
数秘術について

　数秘術には、名前から導く数で読み解く「ゲマトリア」という手法があります。氏名をアルファベット化し、各アルファベットに該当する数字をあてはめ、1つずつ加算して1けたの数を算出する方法です。

　日本語の氏名をアルファベット化する際、ヘボン式を用います。大野さんなら、「OONO」でも「OHNO」でもなく「ONO」。これは小野さんと同じ表記です。発音も普段、耳にしているものから遠のいてしまうでしょう。氏名は、その人自身を表すもの。音として発する名前もその人をつくっているとすれば、発声が名前になります。もともとアルファベットの氏名であれば、納得できますが、日本語の名前は一筋縄ではいきません。

　数字は、森羅万象を表します。この世のすべては素粒子から成り、わたしたち人間も素粒子で出来ています。人間という物であり、現象の1つで、宇宙のバイブレーションの1つとして、天球の音楽を奏でていると考えれば、音色を左右する発声と表記の違いを看過できないでしょう。

　こうした背景と、氏名を1けたになるまで計算することの地味な大変さも考慮し、本書では、名前で占う「ゲマトリア」を採用していません。

第 **3** 章

▽ ▽ ▽

数字が教える
2人の関係
〜相性占い〜

なぜだか馴染みやすい相手もいれば、
難しい相手も……。しかし、お互い
を知って歩み寄る気持ちがあるなら、
関係は築けるでしょう。おつきあい
のヒントにお役立てください。

あなたの
運命数が

相手の
運命数が

恋愛相性 テンポのあう2人 意見の対立は厳禁

　テンポのあう2人です。はっきりした意思表示が心地よく、フィーリングがあうと感じるでしょう。期待を膨らませて交際しますが、意見が対立したときが運命の分かれ道に。どちらかが譲歩しなければ、衝突が長引き、最悪はケンカ別れに。

家族相性 理解ある相談者 見守るスタンスで

　1人の人間として向きあえれば、理解ある相談者になれますが、どちらかが強く出すぎると、家族愛や正義を押しつけることになり、反発しあう関係になる相性です。「親しき中にも礼儀あり」と心得、一歩引いて見守ることが望ましいでしょう。

友人相性 リスペクトが うまくいくカギ

　面倒くささを感じないノリのあう相性です。お互いにはっきりしていて、煩わしさを嫌うので、同じようなところでうんざりし、一緒に腹を立てます。お互いへのリスペクトを忘れずにいられれば、多少のことは大目に見ることができるでしょう。

仕事相性 急ぎの案件では 最高の相棒

　スピード感と行動力がマッチした2人です。急ぎの案件を進めるには最高の相棒になるでしょう。長期で取り組む案件は、どちらの仕切りにするか、意見交換がスムーズに行えるかでぶつかる可能性も。支える方をリスペクトする姿勢が欠かせません。

あなたの
運命数が

1

相手の
運命数が
2

恋愛 相性
相手のやさしさに支えてもらえる

　一緒にいると癒やされる相手です。時にワンマンと誤解され、孤立することもあるあなたですが、そんなときにもこの相手は理解を示し、支えてくれるはず。ただ、そのやさしさにあぐらをかくと残念な展開に。感謝の気持ちを形にして伝えて。

家族 相性
支えあえる2人隠し事は厳禁

　基本的にはあなたがリードする形ではありますが、長い目で見ると、お互いに支えあえるバランスのとれた家族となります。あなたが新しいことに挑戦したいと言えば、全力で応援してくれるでしょう。隠し事はせず、何でも相談しましょう。

友人 相性
最高の相談相手こまめに感謝して

　急な誘いにも応じてくれるつきあいやすい相手。悩みの相談にも、親身になって耳を傾けてくれるでしょう。具体的な解決策は示してもらえなくとも、不思議と気持ちはスッキリします。感謝の意味も込めて、時々、遊びに誘うといいでしょう。

仕事 相性
あなたの実力を引き出してくれる

　あなたの実力を引き出してくれる相手です。上司であれば、何かと目をかけてくれますし、同僚や部下であれば、あなたの企画が成功するよう細かい部分をサポートしてくれるありがたい存在。もっとも、あなたに期待するものも大きいようです。

あなたの
運命数が

1 × **3**

相手の
運命数が

恋愛
相性
**いつもゴキゲンで
いさせてくれる**

あなたをゴキゲンでいさせてくれる相手です。好奇心旺盛な相手のデートプランは外れナシ。いつも楽しんでくれるあなたに、相手も手ごたえを感じています。いろいろな表情を見せ、アプローチのバリエーションを変えることが長続きの秘訣。

家族
相性
**多くの友人との
交流で仲も活性**

明るく楽しいにぎやかな家。気軽に誘うので、多くの友人が出入りするでしょう。相手が自分より友達づきあいを優先している、と不満に感じるかもしれませんが、そうした友人との交流が、家庭環境を活性化させていることに気づいて。

友人
相性
**楽しくつきあえる
情報通の相手**

楽しくつきあえる相手です。ユニークな発想ができるうえ情報通なので、仕事面などでも頼りになるでしょう。ただ、大切なことを打ち明けたり、お金を貸したりはNG。がっかりさせられそう。大勢いる友人のうちの1人、というスタンスが◎。

仕事
相性
**高い能力の持ち主
多くを学んで**

企画・営業力に抜群の能力を持つ相手からは、学べるものが多くあります。相手のレベルに達するのは難しくとも、できるだけ一緒にいて、そのスキルをまねしてみましょう。相手も、そんなあなたを応援し、何かと便宜を図ってくれるでしょう。

あなたの
運命数が

1

×

相手の
運命数が

4

恋愛 相性
社会人としての自覚を促される

　地に足の着いた交際ができる相手です。堅実な相手に何かと世話をやいてもらい、楽ができる反面、リードをとられて釈然としない思いをする場面も。一緒にいると、落ち着きや社会人としての自覚が生まれ、結婚も自然と意識するでしょう。

家族 相性
かけがえのない理想の組み合わせ

　励ましあい、支えあえる2人。理想的な家族関係をつくりあげる組み合わせです。家族を第一に考える相手の姿に「自分も頑張ろう」と背中を押され、この相手と家族でよかったと実感。相手も、そんなあなたに頼りがいと誇らしさを感じるでしょう。

友人 相性
相談を重ねて仲を深めていく

　時間をかけて仲を深めていく相性です。最初は現実的なものの見方ができる相手にあなたが相談することが多く、そのうちに、相手があなたに相談をするように。そうやって互いの理解を深め、一生ものの友情を育んでいくでしょう。

仕事 相性
しっかりした役割分担で利益を生む

　互いの苦手なところをフォローしあえるでしょう。特に新規案件などでチームを組む場合、あなたが率先して進め、細かい部分を相手がカバーするといった具合にしっかり役割分担をすると利益が生まれます。ただ、相手のフォローに甘えないで。

あなたの
運命数が

相手の
運命数が

恋愛
相性
**出会った瞬間に
ときめきを感じる**

　恋の楽しさを存分に味わえる
関係です。出会った瞬間にとき
めきを感じ、ひょっとすると、
あなたよりもひと足早く、相手
から情熱的なアプローチがある
かも。ただ、浮気なところもあ
る相手。つねにあなたの魅力を
アップデートさせる努力を。

家族
相性
**家庭という枠に
収まれない2人**

　明るくにぎやかな家族になれ
る相性です。もともと華やかな
交友関係を持つ相手。配偶者に
なろうと、子どもとして生まれ
ようと、家の中でおとなしくし
てはいられません。2人の家は
自然と、多くの友人たちが出入
りする拠点となるでしょう。

友人
相性
**理想の生き方を
相手の中に見出す**

　チャレンジ精神にあふれる2
人。一緒にいる時間は短くとも、
会えば他の誰よりも濃い時間を
過ごせるでしょう。互いにリス
ペクトしあえる相性であり、特
にあなたは「こんな生き方をし
たい」という理想像を相手の中
に見出すかもしれません。

仕事
相性
**ライバル認定し
切磋琢磨**

　何でも器用にこなす相手を、
あなたは強く意識するでしょう。
一方、相手も仕事をバリバリこ
なすあなたに負けまいと、ひそ
かに努力を重ねている様子。互
いをライバル認定して切磋琢磨
し、スキルアップや業績アップ
へとつなげられる相性です。

あなたの
運命数が

1

相手の
運命数が

6

恋愛 相性　一緒にいると癒やされる存在

　一緒にいると癒やされ、エネルギーが自然と湧き出してくるでしょう。この人とつきあえば、恋愛以外の場面などでも物事がスムーズに進展するなど、うれしい出来事が増えそう。謙虚な相手なので、ここぞというときは、あなたがリードして。

家族 相性　相手のやさしさに甘えてしまいそう

　絵に描いたようなあたたかい家庭を実現できる相性です。ただ、相手のやさしさに甘えてしまい、家のことよりも自分事ばかりに没頭してしまうと、見捨てられてしまう恐れも。一日のうち、相手と言葉を交わす時間をきちんと持ちましょう。

友人 相性　相手の話をじっくり聞いて

　相手の気遣いに甘えてしまいがち。時々、相手に無理をさせていないか反省して。またあなたが話の聞き役になったり、仕事を手伝ってあげたりと、いつも相手にしてもらっていることを施してあげられると、互いの理解も深まります。

仕事 相性　何かと面倒を見てくれる

　いろいろと面倒を見てくれる、ありがたい存在です。トラブルが発生したときなど、特に相談をしたわけでもないのに、四方八方手を尽くして問題解決につなげてくれた、などということも。感謝の気持ちを伝えるのを忘れないようにして。

あなたの
運命数が
1 × 7
相手の
運命数が

恋愛 相性
聞き役にまわり 精神的に成長

　第一印象はよくないものの、未知の世界をかいま見せてくれる相手。上手な聞き役に徹すると精神的に成長できるうえ、相手の気持ちを自分へと引き寄せられるでしょう。相手のプライドの高さに注意しつつ、あなたの望む方向へコマを進めて。

家族 相性
ルールに縛られず 自由な関係が基本

　ルールに縛られない、自由な関係でしょう。1人で過ごす時間は必ず確保したい者同士。家庭内での立場に関わらず、相手にあわせるために自らを変えようとはしません。あなたが譲ることが多くなるでしょう。どちらかが大人になる相性です。

友人 相性
一緒にいれば次々と 面白い出来事が

　単独行動を好む2人ですが、この相手の場合は別。一緒にいると次々と面白いことに出会えるので、自然と行動をともにすることが増えそうです。あなたが何かと相手のフォロー役にまわるのですが、それすらも楽しく感じられる相性です。

仕事 相性
"職人の技"を 学びとって

　職人気質の相手からは、学ぶものが少なくありません。このとき、教えてもらうという姿勢はNG。目で見てまねをして、そのスキルを学びとって。また、人づきあいが苦手な相手にかわり、マネジメントを引き受けるのもいいでしょう。

あなたの **運命数**が

1

× 8

相手の **運命数**が

恋愛相性 思いがけない本音を引き出される

　自分でも気づかなかった"本音"を引き出されてしまう相手。とはいえイヤな気持ちになるどころか、新しい自分に出会えた喜びで胸がいっぱいに。基本的にはリードしたいあなたですが、この人にはあえてリードをゆだねてみるとよさそう。

家族相性 互いを尊重し思いやりでいっぱい

　ともに相手に仕事や趣味の時間を優先してほしいと思っています。「こんな家族でありたい」というこだわりはなく、家事もそのときにできるほうがするといったスタイルになるでしょう。互いに相手を尊重できれば、思いやりに満ちた家庭に。

友人相性 言葉はなくても通じあえる2人

　相手が何を考えているか、何をしてほしいか、言葉にしなくてもすぐにわかるでしょう。特に口下手な相手にとって、そんなあなたはありがたい存在。あなた自身、相手のために何でもしてあげたいという思いが自然とわいてくるはずです。

仕事相性 相手の成功は自分の利益

　相手の成功があなたの利益につながります。普段はリードをとれるあなたですが、この相手と組むと、自然とサポートする側にまわるでしょう。そうした立場になることで、視野が広がり、スキルをブラッシュアップすることもできるでしょう。

あなたの
運命数が

1

相手の
運命数が

9

恋愛
相性
ひたむきな面に
共感し好感を抱く

ひたむきなところに共感し、お互いに好意を抱くでしょう。ただ、一緒の時間が長くなると違いが目につきがち。ひたすら理想を追求する相手に、不満や寂しさを感じてしまうあなた。同じ夢を思い描き、その実現に向けて力を合わせてみては？

家族
相性
共通の目標設定で
家族の絆を深めて

マイホームを建てるといった共通の目標を持つといいでしょう。それぞれ夢の実現に向けて努力し励ましあう中で、家族としての絆を強めていける相性です。意見がぶつかることもありますが、冷静な目で状況を見つめ、譲れるところは譲って。

友人
相性
頑固な相手。
時間をかけ理解を

自分の意見を曲げようとしない相手と、最初のうちは衝突しがち。相手の言い分は理解できるものの、それを素直に認められないのでしょう。とにかく話しあって、落としどころを見つけていって。時間をかけて落ち着いていく相性です。

仕事
相性
ライバル心を
ひそかに燃やす

一見、うまくいっているようでいながらも、心の奥底ではライバル心がメラメラと燃え上がってしまう相性。足を引っ張りあってしまう危険性をはらんでいます。そうした思いは、キャリアアップやスキルアップの起爆剤として使うようにして。

あなたの
運命数が

2 × 1

相手の
運命数が

恋愛相性
あたたかく見守って関係を維持

　むこうみずな相手の言動に目が離せず、持ち前のやさしさから、何かとフォローしてあげるうちに愛情が生まれる関係。相手は自覚していないものの、あなたを頼りにしています。相手に依存せず、あたたかく見守るスタンスが関係維持のカギ。

家族相性
あなたを中心にまわっていく

　あなたを中心にして、家族がまとまりを持つでしょう。相手も、そんなあなたを信頼して家のことはすべてお任せ状態。ただ、全部自分でやろうとはしないこと。相手に任せられる部分は協力してもらうなど、うまく采配していきましょう。

友人相性
強気な相手もあなたには甘える

　普段、強気で通っている相手ですが、何かとあなたに甘えてくるでしょう。自然と世話をやいたり話を聞いたりと、一見すると、あなたが尽くす相性。ただ、精神的に満たされたり、この相手を通じて評価されたりと、何らかの利益も得られます。

仕事相性
あなたの意見が成功のきっかけに

　異なる感覚の2人ですが、それが好ましい効果をもたらします。できるだけ自分の意見を言葉にして伝えるようにして。それが相手に発想の転換を促し、成功をもたらします。陰の功労者として、仕事の場でのあなたの評価も高まることでしょう。

あなたの
運命数が

2

相手の
運命数が

2

恋愛 相性
親密になっても いざとなると停滞

　わかりあえる2人は、一緒にいると安心できる相性。会話もスムーズに運び、心を開くという意味では、すぐに親密になれるでしょう。いざ交際となると、お互い受け身に回り、発展しそうでしない関係で停滞する可能性も。思い切りがポイントに。

家族 相性
独立した個人として お互いを認めて

　身近な理解者として寄り添えれば、家族以上の関係を築けるでしょう。しかし、家族だからこその甘えから依存が生まれると、わがまま放題になってしまうことがありそうです。独立した個人としてお互いを認め、助けあう関係が好ましいでしょう。

友人 相性
お互いの言動に 共感し理解しあえる

　共通の趣味や話題を通じ、自然と仲よくなれる相性です。お互いの言動に共感し、善悪に関係なく、理解を示しあえる2人。励ましの言葉で救われることも多いでしょう。誰もわかってくれないこともわかってくれるという大事な友人関係です。

仕事 相性
互いのために働き 苦労を分かちあう

　苦労を分かちあい、ともに成長できると、ベストな相性になります。しかし、傷をなめあうだけの関係になると、仕事の苦労を続けるだけの2人になるでしょう。手をとりあって、お互いのために働こうというスタンスが欠かせません。

あなたの
運命数が

2 × 3

相手の
運命数が

恋愛 相性　世界観が違う2人 気力体力を養って

　世界観が違い、関心は生まれにくい相性。「みんなと楽しみたい」と思う相手からグループデートに誘われることも。ただ、相手のスピードについていけず、疲れてしまいそう。恋人としてやっていくには、あなたが気力体力を養うのが前提に。

家族 相性　相手のやりたい ようにさせて

　理想の家庭像が食い違っている2人。ここは合わせるのがさほど苦ではないあなたが、相手のやりたいようにさせてあげるといいでしょう。相手も、そうしたあなたに家のことを一任。最終的には、あなたが好きなようにできるでしょう。

友人 相性　刺激的な相手とは きちんと線引きを

　明るく楽天的な相手と一緒にいる時間は、あなたにとってよくも悪くも刺激的なものになるでしょう。流行のスポットで一緒に楽しんだり、人間関係が広がったりする一方、時間やお金にルーズになってしまう恐れも。線引きはしっかりと。

仕事 相性　実務面から相手を 支える優秀な秘書

　企画・営業力のある相手を実務面で支える優秀な秘書というのが、あなたの役割となるでしょう。相手の気持ちを察知する能力が高いあなたを、相手もかなり頼りにしています。あなたも相手の仕事の仕方から多くを学ぶことでしょう。

あなたの
運命数が

相手の
運命数が

2 × **4**

恋愛 相性 安らげる関係 結婚の可能性も

出会ってすぐに深い安らぎを覚えるはず。相手も人の気持ちに敏感なあなたを好ましく感じ、一緒に行動する場面が増えていきます。将来についての話題が増えるのは、結婚の合図。でも、決定的な一言は相手が切り出すのを待つのが正解です。

家族 相性 落ち着いた家庭を 協力してつくれる

協力して落ち着いた家庭をつくっていける相性です。家の中の雑務や人間関係をあなたが担い、相手が家計などの金銭面を管理すれば、鬼に金棒。将来について話しあう中で共通の目標が生まれ、絆をさらに強固なものにできるでしょう。

友人 相性 似た感覚を持つ 相談には親身に

双方とも最初は「友達のうちの１人」という程度の認識。ただ、感覚が似ているため何かと行動をともにすることが多く、そこから仲よくなっていきます。相手の相談には、どんなささいなことでも親身になって考えてあげて。信頼が深まります。

仕事 相性 信頼しあって 結果を出せる

ほかの誰よりも信頼しあっています。それぞれが相手のため、存分に腕をふるうでしょう。一緒に仕事をすれば好結果を出せる関係です。上司と部下、取引先といった立場であってもそうした関係性は変わらず、発展的な相性といえるでしょう。

あなたの
運命数が

2

×

相手の
運命数が

5

恋愛
相性
見えない壁に
阻まれてしまう

　双方ともに、見えない壁を感じています。それでも互いに相手を理解しようと、様々なアプローチを試みるでしょう。ただ、なかなかうまくいきません。むりに理解しようとするより、「そういう相手なのだ」と、ありのままを受け入れたい相性です。

家族
相性
1人の時間を
自分磨きにあてて

　社交的で出歩くことの多い相手に、家で落ち着いた時間をともにしたいあなたとしては不満を抱えがち。ただ、この1人時間で家をととのえたり資格試験の勉強をしたりと、自分を成長させることも可能。自分磨きに最適な相性といえるでしょう。

友人
相性
たまに会うことで
楽しく過ごせる

　ものの見方、考え方がまったく違いますから、たまに会えば楽しく過ごせるでしょう。ただ、ずっと一緒にいるとコンプレックスを刺激されたり、相手にいいように利用されているような気がしたりで、自然と距離が生まれてしまいそうです。

仕事
相性
やりにくい相手
契約は事前に確認

　サポート能力の高さでは定評のあるあなたですが、この相手は勝手が違い、やりにくいでしょう。突然の変更の連続で、振り回されることもしょっちゅう。報酬は高くとも釈然としないものが残りそうです。事前の契約確認がマストな相性。

あなたの **運命数**が

2 × 6

相手の **運命数**が

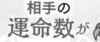

恋愛 相性
似た者同士。正直に想いを伝えて

似た者同士の2人は、相手が何を望んでいるのかもすぐにわかるでしょう。ただ、どちらも相手にあわせようとする気持ちが強いだけに、積極的アプローチが苦手。なかなか関係が進展しない……なんてことも。正直な気持ちを伝えるようにして。

家族 相性
愛情あふれる家族 仕事にも好影響

細やかな気遣いができる2人のつくる家庭は、あたたかく愛情あふれたものとなるでしょう。家族関係が充実していることで仕事や勉強にも身が入り、これまでよりも成果を上げるといったポジティブスパイラルが生まれる発展的な相性です。

友人 相性
自分から誘い、相手の心を開いて

基本的には受け身のあなた。ですが、この相手と仲よくなるには自分から誘うといいでしょう。相手は、あなたが自分好みのイベントやスポットに誘ってくれるのがうれしく、また自分のことを理解してくれているのを感じ、心を開いてくれます。

仕事 相性
相手に必要なものを先回りして準備

一緒に働くのに最適な相性。特にあなたは、相手が必要としているものが手にとるようにわかります。それだけでなく、これから何が必要になるかを理解し、先回りして準備できるでしょう。相手にとってなくてはならない存在となりそう。

あなたの
運命数が

2 × **7**

相手の
運命数が

恋愛 相性 知的好奇心を満足させてくれる相手

知的好奇心を満たしてくれる相手です。その理屈っぽさに閉口する場面もありますが、ガマンできないほどではないので、そのままつきあっていけるでしょう。相手も、あなたと一緒にいると心地よい日々を送れると、満足しているようです。

家族 相性 人間的な成長を促してくれる

どのような生活でも、1人の時間を死守したい相手。必要なときにいない！なんてこともありそうですが、「そういう人なのだ」と受け入れて。一見、あなたがガマンさせられているようですが、それがあなたを人間的に成長させてくれるでしょう。

友人 相性 つかず離れずで長くつきあえる

あなたとはまったく違う景色を見ている相手は、刺激的で気になる存在。何かと面倒を見てあげたくなりますが、相手は1人でいたいタイプですから、かまいすぎないよう注意が必要。つかず離れずの距離感を保てれば、長くつきあえるでしょう。

仕事 相性 あなたが相手にあわせてサポート

1人でコツコツと取り組みたい相手と、チームワークを大切にしたいあなた。働き方や仕事に対する意識の持ち方がまったく違います。チームを組むなら、あなたが相手にあわせ、サポートする体制をつくって。利益と成功につながるでしょう。

あなたの
運命数が

2 × 8

相手の
運命数が

恋愛
相性

あなたの本領を発揮できる相性

発展的相性。野心家の相手を支え、成功へと導く——そんなあなたの本領を発揮できる相手です。ただ、あなたが控え目なだけに、相手の目にとまるのが難しそう。共通の友人を通じて紹介してもらうなど、周囲の人の力を借りるといいでしょう。

家族
相性

家庭はエネルギーチャージの場に

心安らぐ居場所をつくれる相性。あなたが相手に尽くす形となりますが、それを喜びと感じられるでしょう。相手にとっては、家庭はエネルギーチャージの場。あなたにメンテナンスをしてもらうことで、再び世間に打って出るという感覚です。

友人
相性

相手のための無理は成長のきっかけ

親友となる可能性が十分にあります。あなたが相手の面倒を見る形になりますが、相手は時々、そうしたあなたの気持ちに甘えてくることも。この相手のために無理をする場面もありますが、それはあなた自身が成長するきっかけにもなるでしょう。

仕事
相性

細やかな気遣いで利益と成功を獲得

優れたリーダーとなる資質を持つ相手にとって、あなたは最高の秘書。細やかな気遣いと面倒見のよさで、相手が存分に実力を発揮できるようサポートします。表舞台には立たないものの、大きな利益と成功を確実に手にするでしょう。

あなたの
運命数が

②

×

相手の
運命数が
⑨

恋愛 相性 気になる相手には 婉曲にアプローチ

互いに気にはなるものの、受け身タイプの2人なのでアプローチせずに終わってしまう……ということも。ここはあなたが突破口を開いて。ただ、ストレートに告白するよりも、相手が理想とする恋人像に自分を近づけていくのがよいでしょう。

家族 相性 家庭は同志との ベースキャンプ

2人にとっての家庭は一般的なものとかけ離れ、志を同じくした者たちのベースキャンプといった色あいが濃くなります。理想の実現に向けて行動する相手を支えるあなた。どうやったら成功するかを夜な夜な話しあい、ともに夢見るのでしょう。

友人 相性 行動をともにすれば 大きく成長できる

つかみどころのない相手です。その壮大な考えについていけず、自然と距離が生まれてしまう可能性も少なくありません。ただ、この相手の利他的な姿勢などからは学ぶものが多く、行動をともにすることで、あなたは大きく成長できるでしょう。

仕事 相性 プレッシャーを 感じてモヤモヤ

何となくプレッシャーを感じてしまう相性。サポート役として優秀なあなたですが、他の仕事相手と違い、相手が何を必要としているのか今ひとつわかりません。もっとも、相手もあなたが何をしたいのかわからず、モヤモヤしているようです。

あなたの
運命数が

3 × **1**

相手の
運命数が

恋愛相性 時間を忘れて 楽しく過ごせる

時間がたつのも忘れてしまうほど、楽しく過ごせる2人。一途な相手は、あなたに夢中になり、あなたもそんな相手を愛しく思うでしょう。ただ、そうした相手の素直さが時に物足りなく感じることも。相手の別の側面を引き出してあげては？

家族相性 楽しい仲間との ルームシェア

かけがえのない家族が一番大事！という意識が希薄な2人。家よりも、むしろ大事なのは自分のこと。それぞれ楽しみを持ち、自由に生きることが望ましいという考え方でしょう。家庭は、楽しめる仲間とのルームシェアという感覚が濃厚です。

友人相性 遠慮ないもの言いも 受け入れられる

好きなことを言いあえる相性。遠慮のない口調は他の運命数の相手であればイラッとするのに、この人だと仕方ないと受け入れてしまいます。相手もあなたに心を許していますし、助けが必要なときには真っ先に手を差し伸べてくれるでしょう。

仕事相性 それぞれの得意 分野で協力して

2人で同じ仕事に当たるよりも、それぞれの得意分野で協力することで大きな利益をあげられる組み合わせ。新しいことに挑戦すると、そうした側面が際立つでしょう。このとき大切なのは、相手のやり方に口出ししない姿勢。相手を信頼して。

あなたの
運命数が

3 × 2

相手の
運命数が

恋愛 相性
好奇心をかきたてられる相手

あなたの周囲にはいないタイプであるだけに、好奇心がウズウズ。受け身な相手ですから、あなたからアプローチをかける必要があります。あなたの願いに応えようとする相手の懐の深さに心地よさを感じると同時に、物足りなく思うことも。

家族 相性
尽くす相手に束縛感を覚えそう

相手はとことん尽くすタイプ。一緒に暮らせば、あなたは好きなことに集中できるようになるでしょう。しかし、家庭内でのルールや好みなどを押しつけられてしまうと、きゅうくつに感じるように。お互いの理解のために話しあいが欠かせません。

友人 相性
世話好きな相手にサポートされて

大勢と楽しく過ごしたいあなたと、引っ込み思案で受け身な相手。方向性が違うので、友人としてはどうしても距離が生まれてしまうでしょう。ただ、世話好きな相手で、何かとあなたをサポートしてくれそう。感謝の気持ちはきちんと伝えて。

仕事 相性
あなたを支え引き立ててくれる

相手は縁の下の力持ちとして力を発揮するタイプです。一緒に仕事をすれば、あなたが動きやすいよう何かとフォローしてくれますから、思う存分活躍できるでしょう。この相手が上司であれば、あなたを引き立ててくれるなど、うれしいことも。

あなたの運命数が 3 × 相手の運命数が 3

恋愛相性 一目で恋に落ち、すぐに交際開始

一緒にいるだけでうれしくなれる2人は、一目ぼれで交際するような相性。ノリがよく、とんとん拍子に交際を始めますが、楽しさは100点満点でも、価値観や人間性といった深い面にも目を向けられないと、長続きできずに終わるかもしれません。

家族相性 楽しいだけでなく人間性も理解

ハッピーな相性です。一緒にいて楽しいだけでなく、お互いの人間性を理解し、厳しい発言をするべきときと、ただ楽しい時間を過ごすときを見極められるでしょう。離れて暮らしていても、何かあったときには心のより所になれる関係です。

友人相性 元気を与えあう評判の名コンビ

一緒にいると楽しくて、元気を与えあえる2人は、どんなにブランクがあっても、毎日会っているかのように意気投合するでしょう。周りから「いいコンビ」といわれる相性。ノリノリになると、後先を考えずに羽目を外してしまうところが難点です。

仕事相性 クリエイティブなジャンルで活躍

創意工夫が強みになるクリエイティブな職種なら、2人で活躍するでしょう。ブレーンストーミングでアイデアを持ち寄り、これまでにない新しいものを生み出せる相性。ノリで仕事をするので、気分を上げながらデイリーワークを続ける工夫も必須。

あなたの
運命数が

3

×

相手の
運命数が

4

恋愛相性　結婚を前提にアプローチして

　2人の恋がうまくいくかどうかのカギはあなたが握っています。結婚を前提にアプローチをかけていけば、恋人になることは可能。ただ、相手は自分の結婚相手としてあなたがふさわしいか常時チェック。きゅうくつに感じるかもしれません。

家族相性　楽しければどんな関係性でもOK

　安定を好む相手と、型にはまらないあなた。一見、うまくいかなさそう。でも、あなたが相手を信頼して苦手なところを一任することができれば、アンバランスなりにうまくやれる相性です。あなたが笑いを提供すれば、家の中は楽しく安泰に。

友人相性　何かと頼れる味方 粘り強くアプローチ

　真面目で慎重な相手です。接点は少ないものの、あなたから粘り強くアプローチして、確かな友情を築いていきましょう。少々耳に痛いことを言ってきますが、その意見は耳を傾けるのに値するもの。何かと頼れる、心強い味方といえるでしょう。

仕事相性　才能を引き出し 次につなげてくれる

　あなたをサポートする心強い存在。一緒に仕事をすれば、あなたの才能を確実に引き出し、次々と大きな仕事へとつなげてくれます。ただ、そうした相手の尽力を当然のものとして受け取るようになると運気ダウン。感謝の気持ちを忘れないで。

あなたの
運命数が

3

相手の
運命数が

5

恋愛 相性 「一緒にどう？」 あなたから誘って

　かなり気が多い相手ですが、あなたはそんな相手の視線をしっかり引きつける魅力の持ち主。自分が今、興味あるものを「一緒にどう？」と誘えば、とんとん拍子に関係が進展していくでしょう。ただ、互いに関心が薄れれば自然消滅する可能性も。

家族 相性 落ち着きとは 無縁の相性

　2人のいる家庭は、従来のイメージとはかけ離れたにぎやかなもの。老若男女、国籍も問わず、いろいろな人、時には動物たちが出入りする刺激的な環境となりそうです。落ち着いた時間とは無縁ですが、それが2人の仲を活性化させるのでしょう。

友人 相性 自然消滅の恐れ大 積極的に誘って

　幅広い交友関係を持つ者同士、それぞれ自分のつきあいが忙しく、一対一での交流は難しそう。その他大勢のうちの1人という状態が長く続き、そのうちに自然と離れてしまうでしょう。距離を縮めたいのなら、あなたからもっと積極的に誘って。

仕事 相性 刺激しあい次々と よいものを生む

　企画力の豊かな2人は、よきライバルとなれる相性。それも利益の多寡（たか）ではなく、相手と自分のどちらが多くの人に受け入れられ、喜ばれるか、という視点で競います。互いの存在が刺激となり、よりよいものを次々と生み出していくでしょう。

あなたの
運命数が

相手の
運命数が

3 × 6

恋愛 相性　社交辞令？　本心をつかめずモヤモヤ

すぐには手ごたえを感じられない相手です。社交辞令ともとれるような対応にモヤモヤしそう。ただ相手も、誰にでも明るく楽しく接するあなたの本心をつかみかねています。時間をかけて気持ちを伝えると同時に、相手の本心に耳を傾けて。

家族 相性　気持ちを引き出し家族の絆を育んで

相手は聞き上手で、あなたの話にじっくり耳を傾けてくれるでしょう。ただ聞いてもらうだけでなく、あなた自身も会話の中で相手の気持ちを引き出す工夫が必要です。そうするうちに絆が強まって、あたたかな家族愛が生まれていく相性です。

友人 相性　素顔を見せられる「心友」相性

「心友」とも呼びたくなるような関係性を持つ2人。好きなものが同じだったり、ものの見方や受け止め方で通じあうものを感じたりと、まるで見えない糸で結ばれているかのようです。何ら抵抗なく、あなたの素顔を見せることができるでしょう。

仕事 相性　世のため人のため夢を現実化

抜群のチームワークで実力を引き出す組み合わせ。それも個人の利益を追求するのではなく、世のため人のために何ができるかで盛り上がり、そこで生まれたアイデアを実行に移します。夢を現実のものとする力を互いに引き出す、パワフルな相性。

あなたの運命数が **3** × 相手の運命数が **7**

恋愛相性 「教えてほしい」を切り口にして

どうアプローチするか初手から悩んでしまいそう。でも、相手は明るいあなたに興味があり、お誘いを待っているようです。「教えてほしいことがあるんだけれど」と、相手がその知識を披露するチャンスをつくってあげると、いいきっかけに。

家族相性 リスペクトで結ばれる発展的相性

互いにリスペクトしあえる発展的相性です。どんなときでも自分のやり方を変えようとしない態度は、易きに流れやすいあなたにとって見習いたいもののはず。その一方で、あなたの明るさを、相手は真似たいと考えているのでしょう。

友人相性 お互いが気になる接近はあなたから

一見、正反対ですが、実は1枚のコインの裏と表のような相性。相手の考え方に共感できる部分も多く、お互いに気になって仕方がないでしょう。距離を縮めるなら、あなたから。どんなささいなことでもいいので共通点を突破口にアプローチを。

仕事相性 マネージャー役となり成功を導く

あなたがマネージャー役となることで、さまざまな利益と成功を引き寄せる相性です。1人コツコツと技術を極めていく、いわば職人気質の相手。あなたの豊かな表現力と人脈をかけ合わせることで、成功へとつなげることができるでしょう。

あなたの
運命数が
3

×

相手の
運命数が
8

恋愛相性　特別なものを感じられる相手

　出会った瞬間「この人は、他の人とは違う」と感じられる相性。互いを思いやり、末永く関係を紡いでいけます。ただ、コミュニケーション不足は要注意。あなたがいったん相手の気持ちを疑うと、悪い想像がふくらみ、溝が生まれることに。

家族相性　コミュニケーション時間の確保は必須

　好きなことには寝食を忘れて取り組む相手。家にいてもマイペース、家族を放置しますが、それも魅力のひとつととらえられるあなたです。でも、家族としてコミュニケーションをとる時間は確保して。信頼関係が損なわれてしまいます。

友人相性　泥臭い部分こそ見習うべき

　目標達成に向けて一心不乱な相手とスマートなあなた。はじめは敬遠してしまうでしょう。でも次第に、楽なほうへと流され失敗しがちな自分にとって、相手のそうした泥臭い部分こそ見習うべきだと理解。ひそかにリスペクトするように。

仕事相性　評価してくれるが少々やっかい

　仕事仲間としては、少々やっかいな相手です。あなたの豊かな発想力を高く評価し、それを生かした仕事を回してくれるでしょう。ただ、都合を考えずに次々と依頼してくる気配も濃厚。きちんと一線を引き、自分自身を守る必要がある相性です。

あなたの
運命数が
3

相手の
運命数が
9

恋愛相性　相手のすべてが　あなたの癒やしに

　つきあうことで世界が広がり、恋とは関係のないオフィシャルな面でも成功へと導いてくれる、ありがたい相手です。少々浮き世離れしている部分がありますが、ものの見方や振る舞いのひとつひとつがあなたにとって癒やしと感じられるでしょう。

家族相性　おままごとを　楽しんでいる感覚

　「家族とはこうあるべき」という具体的なイメージはない者同士。現実味が薄く、おままごとを楽しんでいるかのような相性です。家庭内でのポジションを問わず、自然体のまま一緒に過ごせるでしょう。気楽で安らげる家族関係です。

友人相性　漫才コンビ的相性　人の輪の中心に

　楽しいことが大好きな2人。しかも自分たちだけで楽しむのではなく、周囲の人たちも喜ばせたいという思いが強いので、2人が一緒にいると不思議と漫才コンビのような掛け合いが生まれるでしょう。そうやって人の輪の中心となれる相性です。

仕事相性　リスペクトしあえる　理想的な相性

　利益は二の次、世の中のために尽くしたいという精神にあふれた相手。その純粋さに感動し、活動を盛り立てようと、あなたはさまざまなアイデアを提案し、相手も喜んでそれを受け入れ、実行するでしょう。お互いをリスペクトできる関係です。

あなたの
運命数が

相手の
運命数が

恋愛 相性　本音を伝え、時には甘えて

何かと面倒を見てあげたくなるでしょう。相手の成功まで陰に日向に支えてあげるあなたは相手の中でどんどん大切な存在になっていきます。時にはあなたが、恋人として甘えたり、本音をちゃんと伝えたりできれば、2人の仲がより深まるでしょう。

家族 相性　好きなようにやって家庭円満

家庭を何よりも大切にしたいあなたにとって、相手の態度は家庭に対して無関心と映りそう。でも、そこを責めると自分の世界に閉じこもってしまいますから、ぐっとガマン。相手の好きなようにさせ、あなたも自分のやりたいようにやるのが◎。

友人 相性　心配させられる一方。距離を置いて

無鉄砲な相手の振る舞いに、あなたはしょっちゅうハラハラさせられるでしょう。見かねて注意すれば、かえって煙たがられてしまいます。あえて距離を置き、本当に必要とされたときに助けの手を差し伸べる、そんなクールな関係性がベスト。

仕事 相性　ご意見番としていねいに説明を

新しいことを始める意欲あふれる相手。現実を見る力のあるあなたは、そのご意見番としての役割を担うことに。何かと衝突するものの、きちんと説明すれば理解してくれる相手です。最後には、信頼で結ばれたよき仕事仲間となれるでしょう。

あなたの
運命数が

相手の
運命数が

4 × **2**

恋愛相性
**想いはきちんと
言葉にして伝える**

あなたが理想とするカップルになれます。あなたの実力と将来性を見抜き、成功するまで支えようとしてくれるでしょう。ただ、お互いに口下手なので大切なひと言が告げられず距離が生まれてしまうかも。あなたから言葉にして伝える努力を。

家族相性
**家族のありがたみを
感じあえる2人**

穏やかで安らぎに満ちた家庭づくりができるベスト相性です。お互い「この人と家族でよかった」と、何かにつけて思うでしょう。ただ、相手があなたにあわせてくれている部分も多いので、時にあなたも相手の希望を優先してあげましょう。

友人相性
**心許せる相手。
ケンカもすぐ仲直り**

心許せる相手です。それだけに、つい軽口をたたいたり、無理なお願いをしてしまったりで、口論になることもあるでしょう。でも心の奥底では通じあっている2人です。すぐに関係を修復し、むしろケンカ以前よりも、仲が深まっている可能性も。

仕事相性
**あなたのリードで
相手は能力を発揮**

相手を支える立場になることの多い2人。一緒に仕事をするとなれば、あなたがリードをとるとうまくいくでしょう。自然な形で相手の能力を引き出せますし、必要以上の忖度をしないドライさがうまく働き、成功へとつなげていけるでしょう。

あなたの運命数が 4 × 相手の運命数が 3

恋愛相性 無理にあわせず 楽しみを共有して

ノリのよさを大切にする相手の目に、慎重なあなたは新鮮に映るでしょう。ただ、長く一緒にいると物足りなさを感じるように。お互い、無理に相手にあわせようとせず、一時の楽しみを共有できればいい——そう割り切れれば、うまくいきます。

家族相性 信頼されて自由に 独立した関係を

しっかり者のあなた。相手から信頼されるので、あなたの好きなように過ごせるでしょう。しかし、相手の協力を必要以上に期待しないこと。自分が好きなようにする分、相手にも自由にさせることで、安定した暮らしを送れる関係です。

友人相性 たまに会うくらいが ちょうどいい仲

いつも明るく交友関係も広い相手。ですから、同じ空間にいれば、一緒に何かすることはあるでしょう。ただ、どこかかみあわず、モヤモヤだけが残りそう。たまに会う、共通の友人と一緒に行動するなど、あえて距離を置くといいでしょう。

仕事相性 縁の下の力持ちで 腕をふるって

才能あふれる相手です。ただ、お金など実務的な面は苦手なため、何かとあなたを頼るでしょう。人間的にはあわないものを感じても、頼られれば悪い気はしないはず。「縁の下の力持ち」として思う存分、腕をふるえば利益と成功を得られます。

あなたの
運命数が

相手の
運命数が

×

恋愛相性　時間をかけて　お互いを知ること

　誠実な関係を結べる相性です。将来を考えた真面目な交際から、結婚を意識します。お互いにシャイで、なかなか心を開けないタイプです。時間をかけてお互いを知ることが、恋の第一歩になります。一緒に苦労を乗り越えると結ばれやすいでしょう。

家族相性　金銭面を強く　意識する2人

　家族という運命共同体の中に2人がいると、どうしても金銭面に意識が向かうよう。現実的に必要なものについては親身になりますが、常識にとらわれすぎると、相手を型にはめようとする傾向も。ともに問題点に向きあう努力が欠かせません。

友人相性　知られたくない面も　わかってしまう

　気のあう2人です。感覚が似ているので、遠慮なくつきあえます。お互いに理解しあえる関係ですが、わかるからこそ、知られたくない面があるときに、煙たさを感じることがありそうです。お互いの誠実さに目を向けて、信頼を深められれば親友に。

仕事相性　お互いのよき理解者　協力して問題を解決

　価値観が似ている2人は、よき理解者として協力できる相性です。仕事をスムーズに運べる名コンビになれるでしょう。2人で問題解決に取り組むと、本領を発揮して、信頼と親睦が一気に深まります。協力者となって力をあわせてこその相性です。

あなたの
運命数が

相手の
運命数が

 ×

恋愛 相性
衝突しやすい2人 甘い恋とは無縁

　安定を求めるあなたと、変化を求める相手。どうしてもかみあわず衝突してしまうでしょう。ただ、才能豊かな相手とずっと一緒にいたいと思うのなら、マネージャー役に徹して相手を支えるという関係性もアリ。恋の甘さとは無縁の2人です。

家族 相性
相手のフォローと 問題解決に奔走

　距離を置くことでうまくいく相性。あなたが理想とする穏やかな家庭を築くのは難しいでしょう。ドラマのように次々と問題が起こり、その解決に奔走する日々です。時には距離を置き、相手が引き起こした問題は自分で解決させるようにして。

友人 相性
接し方に困る相手 第三者を交えて◎

　型にはまるのを嫌う相手ですから、どう接すればいいのかわからず固まってしまう場面もしばしば。相手も、そうしたあなたの思いを察し、距離が生まれやすい相性です。共通の友人を介することで、ストレス少なくつきあえるでしょう。

仕事 相性
実務を担って 相手をサポート

　仕事の進め方がまったく異なる2人。一緒に仕事をする場合、金銭やスケジュール管理など実務面を担当し、相手が働きやすいよう支えてあげましょう。相手の成功によってあなたへの評価が高まり、昇進や新たなオファーへとつながります。

あなたの
運命数が **4** × 相手の
運命数が **6**

恋愛
相性

あなたからの
アプローチを期待

　しっかり者のあなたを相手は頼もしく感じ、目で追っている状態。でも、基本的には受け身な相手からのお誘いは期待せず、自分からアプローチしていきましょう。スピーディーな進展は難しいですが、それでもあなたを信頼して待っていてくれます。

家族
相性

深い愛情に包まれた
居心地よい関係

　あたたかなまなざしと深い愛情で結ばれた家族になれる相性です。居心地よい家での安らぎが、やる気の糧になります。相手はあなたをサポートし、支えてくれる存在。マンネリ化しないよう、時々サプライズをしかけるとよりよいでしょう。

友人
相性

心をさらけ出して
相談できる親友

　「親友」と呼ぶのにふさわしい相手です。他人との交流には慎重なあなたですが、人を大切にできるこの相手には、不思議と心をさらけ出してしまうでしょう。悩みを相談すれば、親身になって考えくれますし、それがさらに2人の絆を強めることに。

仕事
相性

相手のサポートを
得て評価アップ

　人当たりがよく責任感もある相手とは、仕事のうえでもベスト相性。実務一辺倒で人との交流が今ひとつなあなたですが、バランス感覚に優れた相手にサポートしてもらい、助かったと実感する場面が多くあるでしょう。周囲からの評価も上々。

あなたの
運命数が

4 × **7**

相手の
運命数が

恋愛 相性 気楽な会話で 理解を深めたい

　ミステリアスで、だからこそ目が離せない相手。その相手はあなたのことを「信頼できる人」と考え、憎からず思っているようです。でも恋愛に苦手意識がある相手からのアプローチは期待しないこと。気楽なおしゃべりを通し、理解を深めて。

家族 相性 尽くす形に。 でもこの相手なら◎

　好きなことをしていたい相手です。一緒に暮らすと、あなたが何かと相手の世話をする形になるでしょう。はた目には、あなたが尽くし苦労しているように映るかもしれません。でも実際は、そうした苦労も、この相手に限っては楽しいと思えるはず。

友人 相性 あなたがその気に なればよい友人に

　あなたがその気になればよい友人となれる相性。自分の信じた道をひたすら進む相手にあわせると比較的ラクに距離は縮まります。もっとも1人の時間を大切にする相手ですから、近づきすぎないこと。持ち前の慎重さを発揮してアプローチを。

仕事 相性 完ぺき主義の相手。 あわせてあげて

　仕事のうえでは、完ぺき主義な相手にあなたがあわせていくことに。高い完成度を求める2人ですから、そう難しいことではありません。ただパーフェクトを求めるあまり、時間がかかってしまう相手。タイムマネジメントをあなたが引き受けて。

 4 × 8

恋愛相性　交際は結婚前提　チェックは厳しめ

理想的な関係を築けます。責任感の強い相手ですから、交際がスタートした時点で結婚も視野に入れているでしょう。その分、あなたに対するチェックが他の人より厳しくなりがち。自分の意見、やり方は少し抑え、相手をたててあげましょう。

家族相性　すべてあなた任せ　協力させる工夫を

馬はあうものの、一緒にいると、あなたが補佐役となる相性。それが度を超えると、あなたの仕事ばかりが増え、相手が王様状態になる可能性も。手をかけすぎて、相手をダメ人間にしないよう、協力しあえる"仕組み"を考えてみましょう。

友人相性　一緒にいると　刺激的で楽しい相手

お互い居心地よく感じられる相性。ワンマンな相手についていけないと感じるときはあるものの、一緒にいる時間は刺激的で、楽しく過ごせます。相手も、あなたの几帳面さに助けられている部分があり、口には出さなくとも感謝している様子。

仕事相性　相手に尽くして　新たな才能開花

よきパートナーシップを発揮できます。バイタリティあふれる相手にリードを任せ、あなたは金銭管理などのフォロー役を引き受けて。確実な成功と利益を手にできます。相手のために損得抜きで尽くすことで、新たな才能が開花する可能性も。

あなたの **運命数** が

相手の **運命数** が

×

恋愛相性　陰ながらに見守り相手を応援

　理想を追いかける相手の姿が、あなたの目にはまぶしく映るでしょう。ただ、現実を生きるあなたとは接点が少ないので、相手の視界に入るのがひと苦労。交際がスタートすれば、理想を追いかける相手を、現実的な部分で支えるという関係性に。

家族相性　ズレを感じながら年月を重ねそう

　同じものを見ているようで、実は違うというズレが生じやすい2人です。その温度差にじれてしまうこともしばしば。ただ、年月を重ねていくうちに、互いに人間としての幅が広がり、そうした差も気にならなくなっていくでしょう。

友人相性　憧れと劣等感で悩ましい気持ちに

　なんとなくコンプレックスを刺激されてしまう相手。夢を実現させようと努力する相手を応援したくなる一方、「自分にはこういう生き方は無理」などとネガティブな感情が生じてしまうのでしょう。ある程度距離を置いてつきあうのがいい相性。

仕事相性　理解しがたい相手。調子も今ひとつ

　合理的に仕事を進めることを重視するあなたにとって、相手の精神性を大切にする働き方は理解しがたいというのが本音。とはいえ、それを正面きって言えず、モヤモヤしながら仕事をすることとなるでしょう。いつもの調子が出せない相手です。

あなたの
運命数が

5 × 1

相手の
運命数が

恋愛相性　情熱的で楽しい時間をともにできる

才能豊かで、次々と新しいことにチャレンジするあなたを憧れのまなざしで見つめる相手。あなたも、相手のタフで一途なところに魅力を感じ、情熱的で楽しい時間をともにするように。時に、2人の将来に向けて夢を語りあうといいでしょう。

家族相性　多くの人が集うハブステーション

これまでにないものを好む者同士。ふと気づいたら、従来の家族制度にあてはまらないような家族関係をつくり出すでしょう。2人の家は、多くの人たちが集い、そこからまた新しい人間関係が広がるハブステーションとなりそうです。

友人相性　リスペクトできる相手に全部任せて

親友相性の2人。言葉を交わした瞬間に、相手に対するリスペクトが湧き上がりそうです。なお、何かを一緒にするとき、互いに自分がイニシアチブをとろうとする傾向があります。この場合、相手に任せるのが◎。確実な結果を出せるでしょう。

仕事相性　ライバル意識が成功につながる

ライバル意識を燃やす2人。それがうまく働き、チームの業績アップにつながります。この相手が上司なら、あなたを右腕として重用しつつ、のびのびと働かせてくれるでしょう。部下の場合、自由にやらせることで結果を出す頼もしい存在です。

相手の
運命数が

5 × **2**

恋愛相性　この恋への想いを態度で示すこと

　一緒にいるときは楽しいものの、長続きが難しい相手。変化の激しいあなたに、相手もどうつきあっていけばいいのか戸惑ってしまうでしょう。長いおつきあいを望むのなら、あなたが堅実な生活習慣を身につけ、本気であると態度で示すこと。

家族相性　どうしてほしいか言葉にして伝えて

　愛情深いやさしさで接する相手は、あなたに尽くす喜びを感じます。心配性で過保護な相手を、あなたは疎ましく感じるときも。安心させてあげれば、ほどよい距離感を保てるでしょう。相手の意向を聞きながら心を通わせていきましょう。

友人相性　相手のやさしさに甘えないよう注意

　あなたのために何かとしてくれる、ありがたい相手。一緒にいると癒やされますが、そのやさしさに甘え、わがままを言ってしまう点は注意を。行動パターンが違うので一緒にいるのは難しいものの、会うときには感謝の気持ちを伝えましょう。

仕事相性　あなたの無理を受け入れてくれる

　あなたの才能を認めて何かと引き立て、盛り上げてくれる相手です。「こうしたほうがベストだから」と、突然の変更などにも対応してくれるでしょう。無理や甘えを受け入れてくれますが、そのストレスは相当なものであることを肝に銘じて。

あなたの
運命数が

5

×

相手の
運命数が

3

恋愛 相性
楽しい時間を共有し仲が深まる

好奇心旺盛で明るい相手です。行動をともにすることで仲を深めていけるでしょう。2人だけはもちろん、お互いの友人も誘って大勢で楽しむなど、笑い声の絶えない2人。時に相手への思いやりに欠けてしまい、そこから溝が生まれることも。

家族 相性
時には2人だけで濃密なひとときを

変化を好むあなたと、楽しいことが大好きな相手。外出が多い一方で、双方の友人が出入りする、自由な家でしょう。お互いに好きなことを追求しますが、すれ違いも多く、結びつきが希薄になる恐れも。時には2人だけで濃密な時間を。

友人 相性
誰といるよりも楽しいものの……

誰よりも楽しい時間を過ごせますが、その場限りのご縁となりやすい2人。束縛するのもされるのも苦手なあなたにとって、友情とはせつな的なもの。長続きしない関係が自然なのでは。相手もその考えを尊重し、無理に変えようとはしないはず。

仕事 相性
楽しすぎて利益につながらない2人

楽しく仕事を進められるものの、その楽しさにおぼれてしまい現実的な利益につながらない……となりかねません。2人だけで物事を進めようとするより、実行力、管理能力の高い人物をチームの一員に加えた三人体制で仕事をするのが正解。

あなたの
運命数が

相手の
運命数が

5
×

4

第**3**章　数字が教える2人の関係〜相性占い〜

恋愛相性　あらゆる場面でサポートしてくれる

　将来の成功へと導いてくれる相手です。地に足のついた生き方をする相手から学ぶものは少なくありません。恋人というよりも、いろいろな場面であなたをサポートしてくれる、ありがたい存在。成功のあかつきには真っ先に感謝をささげて。

家族相性　自分の思いや考えを伝える努力を

　安定を好む相手と、変化を求めるあなた。同じ家に暮らすとなると、束縛されているように感じるでしょう。1人になれる時間と空間を確保する必要があります。一緒に過ごすときは、自分の思いや考えをきちんと言葉にして伝えるようにして。

友人相性　人との距離感を学べる最適な相手

　フリーダムなあなたの振る舞いは一部の人に受け入れられても、大半の相手からは反感をかってしまいがち。その点、人との距離感、礼儀を大切にするこの相手からは、学ぶものが多いでしょう。特に言葉づかいや振る舞いをまねるのは◎。

仕事相性　仕事以外の部分もチェックされそう

　相手から一目置かれているあなたは、何かとサポートされながら、成功を収めていくでしょう。一方、同じ組織に所属していると、仕事と無関係なプライベートを何かとチェックされそう。距離を置く、相手の前では聞き役に回るなどの対応を。

145

あなたの
運命数が

相手の
運命数が

 ×

恋愛相性　運命を感じ一気に燃え上がる関係

　情熱をぶつけあう激しい2人です。どちらかが恋心を抱けば、思いのままに恋に突き進むでしょう。一気に燃え上がるドラマチックな結びつきに、運命を感じることも。熱しやすく冷めやすいので、関係の継続には、それなりの努力が必要です。

家族相性　よきチームメイトとして楽しめる

　ユニークで自由な家族関係なら、最高の相性です。イベントのときに集まれば盛り上がり、問題解決について向きあえば、よきチームを形成できるでしょう。興奮しやすいところがありますが、そこも家族ならではの理解で乗り越えていけるはず。

友人相性　関心をひとつにしてベストフレンドに

　同じ趣味や共通の友人がいるなど、関心をひとつにできるものがあれば、ベストフレンドになれるでしょう。それぞれ楽しみながら、お互いの近況報告に驚くなど、「さすが、わが同志！」と思えることも。ケンカをしても仲直りできるでしょう。

仕事相性　ひらめきを共有しやる気を燃やす

　ひらめきのままに興奮し、それを共有することで大いにやる気を燃やす2人。相性は抜群ですが、疲れたときは距離をとりたいところも。余計なひと言を言ってしまったり、イライラをぶつけたりしそうです。ストレス発散法を持っておくといいでしょう。

あなたの
運命数が

相手の
運命数が

5 × 6

恋愛 相性 — 時間がかかる2人 復活愛の可能性も

理解しあうのに時間が必要なため、目移りの激しいあなたはガマンができず、関係を終わらせてしまいがち。ただ、ある程度の年月を経て出会ったとき、あなたが「じっくり関係を育てるのもいい」という余裕を身につけていれば、うまくいきます。

家族 相性 — 愛情深さに甘えると孤立してしまう

相手の愛情深さに甘えてしまい、振り回してしまう関係です。相手は笑って許してくれるでしょうが周囲が許さず、家族の中で立場を悪くする可能性も。後悔先に立たず。一刻も早く、相手が今、どんな気持ちなのか考えて接するクセをつけて。

友人 相性 — あなたの考えをすぐ理解してくれる

あなたの考えや立場をすぐに理解し、接してくれる相手。話が通じやすいので、何かと相談を持ちかけたり、お願いしたりするでしょう。ただ、一方的に頼ってばかりではあまりにもアンバランス。時には逆の立場になって、話を聞いてあげて。

仕事 相性 — 的確な助言をくれる心強い相棒

あなたのアイデアを発展させてくれる相手。一緒に仕事をすれば、的確な助言をしてくれる心強い相棒です。取引先にいれば、うまくいくよう何かとヒントをくれるでしょう。あなたの成功の半分は、この相手のおかげといえるかもしれません。

あなたの
運命数が

5

相手の
運命数が

7

恋愛
相性

**相手の得意分野を
突破口にして接近**

なかなか交際スタートに至りません。こんな場合、相手の得意ジャンルを話題にして「あなたはどう思う？」などと水を向けて。一気に距離が縮まります。交際がスタートしたら、あなたは相手のよき聞き手としてのスタンスをキープしましょう。

家族
相性

**「家族だから」は
通用しない相手**

この相手とは、何かと張りあってしまいそう。そうした感情をうまく使い、あなた自身を大きく成長させましょう。なお「家族なんだから」という理由で、何かを頼んだり期待したりしないこと。ピシャリと断られ、しこりを残しかねません。

友人
相性

**自分にないものを
持つ相手に興味津々**

孤独を愛する相手の姿に、自分にはないものを感じ興味を引かれるのでしょう。あなたからアプローチすれば、ある程度までは距離を縮められる相性です。ただし相手が1人になれる時間、場所に無理やり侵入しない、そんな配慮が必須です。

仕事
相性

**新しいものを次々と
生み出せる相性**

ベンチャー相性。学者肌の相手と、変革を好むあなたが組んで仕事をすれば、新しいものを次々と生み出すでしょう。惜しむらくは、継続力がない点。一発屋で終わらないためにも、もう1人、実務面に強い人を仲間に入れておくのがオススメ。

あなたの **運命数**が

相手の **運命数**が

5

×

8

恋愛 相性
恋をするとダメになる 相手にガッカリ

バイタリティあふれるあなたは、相手の目に魅力的に映っています。アプローチすれば、すぐにOKするはず。ところがこの相手、恋をすると他のことがおろそかになる傾向も。その姿にガッカリしたあなたが距離を置いて……という展開に。

家族 相性
相手の意向に 沿った振る舞いを

複雑な相性です。どちらもパワフルなタイプなので、ささいなことで衝突しがち。あなたの自由な考え方が、家族の中でリードをとりたい相手にとって、やりにくく感じられるのでしょう。なるべく相手の意向に沿って振る舞うよう心がけると◎。

友人 相性
ライバル視され やりにくい相手

相手からは何かとライバル視され、やりにくさを感じるでしょう。相手の考え方は理解はできるものの、共感しがたいものがあるのでは？　ただ相手の考えを変えようとするのはNG。当たらずさわらず、時と場合に応じた接し方でつきあって。

仕事 相性
大成功する可能性を 秘めた2人

アイデアあふれるあなたとリーダーシップに優れた相手。うまくかみあえば大成功を収めますが、バランスが崩れると、とたんに大混乱。相手はあなたを抑えつけようとし、あなたは相手を振り回してしまうでしょう。冷静さを忘れないで。

あなたの
運命数が

相手の
運命数が

恋愛 相性 嫌いでないものの決め手に欠ける

嫌いではないものの、恋の相手としては決め手に欠けると感じそう。相手も、恋の達人であるあなたにどう接するといいか、とまどっている様子。過去の恋愛経験が役に立たない相手ですが、だからこそ、学ぶものも多い相性といえそうです。

家族 相性 協力が必要な場面でギクシャク

普段は楽しく過ごせる相性です。協力して事に当たらなくてはならないといった状況では、タイミングがあわずに双方ともにイライラする場面が多発。あなたの期待するように相手が動いてくれなくても、「こういう人なのだ」と受け入れて。

友人 相性 たまに会うからこそ、話が弾む２人

ユニークな発想の持ち主であるあなたと、理想主義者の相手。はた目にはいいコンビに映りますが、本人たちはかみあわないものを感じるでしょう。共通の友人を交え、たまに会っておしゃべりを楽しむ、といった程度にとどめておくのが無難。

仕事 相性 役割分担することで成功を確実に

それぞれの特技を前面に出すことで、リスペクトが生まれ、うまくいく相性。相手が思い描いている未来像に共感し、その実現に向けてあなたがアイデアを出す。そんな役割分担ができれば、次々と成功を手にできるでしょう。割り切りが大切。

あなたの
運命数が
6

相手の
運命数が
1

恋愛相性 覚悟を決めて飛び込むと意外な展開

一見、自分勝手な相手と距離を置こうとしつつも、責任感の強さから何かとサポートしてしまいがち。そんなあなたを好ましく思い、相手がしきりにアプローチしてくるでしょう。覚悟を決め、飛び込んでみて。実は誠実な人柄だと気づくはず。

家族相性 愛情に満ちた家に帰るのが楽しみに

家族に深い愛情を注ぐあなた。外に意識が向きがちな相手にとって、「家に帰ればあなたがいる」と考えるだけでホッとする存在なのでしょう。ただ、時にはその愛情を重く感じることも。あれこれ先回りして面倒を見すぎてしまわぬよう注意して。

友人相性 ストレスフルな相手のために動く

人の心の動きに敏感なあなた。パワフルなだけにストレスを抱えやすい相手を励まそうと、話を聞いてあげたり、遊びに誘ったりするでしょう。あなたが何かと動く相性ですが、楽しい時間を過ごせるので結果オーライ。時にはうれしいお返しも。

仕事相性 他のメンバーと相手の仲を調整

独立心旺盛な相手をサポートする相性です。特にチームで動く場合、孤立しがちな相手と他のメンバーの仲を調整し、それぞれが存分に力を発揮できるよう心を砕くことでしょう。この相手と仕事をすれば、得るものは少なくありません。

あなたの **運命数**が **6** × **2** 相手の **運命数**が

恋愛 相性
他の誰よりも 心地よく過ごせる

　自然と惹かれあう２人。人の気持ちを汲み取るのが得意な相手と一緒の時間は、他の誰といるよりも心地よいもの。相手も責任感の強いあなたを頼もしく思っている様子。お茶や食事をともにすると人柄がかいま見え、理解が深まるでしょう。

家族 相性
大金を動かすとき はあなたが決断

　相手に譲り、細やかな気遣いができる２人です。その家庭は当然、あたたかく愛情に満ちたものとなるでしょう。ただ相手は決断力が今ひとつ。特に、不動産売買や相続といった大きなお金がからむことでは、あなたが前面に立つとスムーズ。

友人 相性
一緒に過ごすと 元気が湧いてくる

　何かと気にかけてくれて、誰よりも一緒にいる時間が長くなるでしょう。そばにいるのが自然なので、むしろ、いないと寂しく感じてしまうかもしれません。おしゃべりを楽しんだり遊んだりすると、不思議と元気が湧いてくる相手です。

仕事 相性
あなたの右腕となる 発展的相性

　あなたの右腕となってくれる存在。しかも、あなたの手が回らないところも、ちゃんとフォローしてくれます。誰よりも仕事をしやすいでしょう。心理的にも時間的にも余裕が生まれ、これまでよりも活躍の場を広げられる、発展的相性です。

あなたの
運命数が
6 × 3
相手の
運命数が

恋愛相性　おしゃべりが心を結び理解を深める

　おしゃべりが2人の心を結びつけます。相手はとにかく話題が豊富。自然と相づちを打つ側に回ることとなりますが、時々はあなたから話を振ったり、「自分はこう思う」と考えを述べたりすると◎。お互いの理解が深まり、恋が進展していきます。

家族相性　「まあ、何とかなる」と前向きになれる

　楽天的で、どんな状況でも前向きにとらえようとする相手です。一緒にいると、人生の一大事に遭遇しても「何とかなるさ」と、ゆるくやり過ごせるように。ただ、あなたの愛情深さに相手が甘え、生活がルーズになりがちなので注意して。

友人相性　一緒に楽しむことで長いつきあいに

　長くつきあっていける相性。特に相手は、あなたの共感力の高さを頼り、何かと話を聞いてもらいたがるでしょう。あなたも相手の話を通して得るもの、学ぶものが多く、世界も広がっていきます。一緒になって楽しめる趣味があると◎。

仕事相性　相手の能力を仕事につなげる

　相手の能力を引き出し、発展させる相性です。カギとなるのが、あなたの人間関係。相手のユニークな発想力を仕事へとつなげるチャンスをもたらすでしょう。あなた自身も、この相手によって、有形、無形のベネフィットを手にできそうです。

あなたの **運命数**が **6** × **4** 相手の **運命数**が

恋愛相性
進展は超スロー 待ちの姿勢でOK

強い信頼感で結ばれる2人です。ただ、進展は超スローペースです。何に対しても慎重な相手なため、ゆっくり距離を縮めつつ、あなたがどんな人なのか探っているのでしょう。あなたは相手とうまくいく日を思い描いて、待っていてOK。

家族相性
「家族でよかった」 と実感できる相性

あたたかい家庭をつくりたいという思いが人一倍強い2人。この相手が家族でよかったと感じる場面が何度もあるでしょう。家事や家計などの実際面を相手が担当、あなたはメンタル面のケアに務めるなど、それぞれの役割をしっかり果たします。

友人相性
バランスよく 支えあい絆を強める

強い信頼と友情で結ばれる2人です。どちらかが落ち込めば、一方が励まし、ピンチに陥れば、もう一方が全力で助けるでしょう。力をあわせてトラブルを解決し、絆を強めていきます。気づいたら長年のつきあいになっていた、という相性。

仕事相性
現実的な相手に 救われることも

仕事をするうえでも一緒にいると心強い相手。特に交渉などでは、情に流されそうなところを、現実的な相手によってストップをかけてもらい助かった、となる場面もありそう。「違っているからこそ、うまくいく」の好例といえるでしょう。

6 × 5

恋愛相性　すべてが違いすぎ 微妙な関係に

恋の場面では、もののとらえ方、行動パターンなど、あらゆる点で異なる2人。恋愛関係になりにくいでしょう。ただ、あなたに興味を抱いた相手がアプローチして交際が始まる場合も。けれども、すぐにつかず離れずの微妙な関係となりそう。

家族相性　線引きをして 依存関係を防止

愛情深く世話好きなあなたは、どうしてもこの相手を甘やかしがち。相手も調子にのって好き勝手に振る舞い、ひんしゅくをかうこともしばしば。未成年であれば厳しく接し、いい大人であれば、どこかで一線を引き、距離を置くことも考えて。

友人相性　接点の多い2人 すぐに仲よしに

にぎやかなことが大好きな相手は、あなたとも接点が多く、また通じるものもあって、すぐに仲よくなれるでしょう。一緒に過ごす時間は刺激的で楽しいはず。ただ、あなたがその気にならなければ、その場限りのご縁で終わってしまいそう。

仕事相性　お互いに成長を促し 恩恵にあずかる

お互い、成長を促す相性です。この相手のために動いてあげることで、あなたは新たなスキルを身につけたり、うれしいオファーがあったり。また相手も、あなたの協力によって新たな人脈を得て、仕事の幅が広がるなどの恩恵を得るでしょう。

あなたの 運命数が **6** × 相手の 運命数が **6**

恋愛相性 好きすぎて緊張 遠慮が恋の障壁に

フィーリングがあうので、交際が始まればバッチリの相性といえますが、好きな相手となればなるほどに緊張が増して、嫌われないようにすることばかりに気をとられてしまうことがありそうです。遠慮の気持ちが2人の間の壁にならないように。

家族相性 何かあれば 助けあう理想的相性

家族を大事にする2人は、どんな状況にあったとしても、お互いを受け入れる準備がととのっています。何かあれば助け、助けられるという基本が成り立つ理想的な家族相性。愛で向きあいますが、難しい問題からは目を背けようとするところも。

友人相性 言葉にしなくても 気持ちがわかる

申し分のない相性です。とてもよく似た感性を持つ2人なので、言葉にしなくてもお互いの求めることがわかり、労りあえるでしょう。似た者同士ならではの相性のよさですが、お互いを相手に投影し、現実に向きあえなくなる点が気掛かりです。

仕事相性 気遣いが あだになることも

お互いを気遣うことで、心地よく仕事ができる相性でしょう。一方、気遣いが過ぎて厳しいことを言えず、具体的な問題解決に至らないことや、よかれという配慮で相手をがんじがらめにしてしまうことがありそう。仕事は仕事という割り切りが必要。

あなたの
運命数が

6 × 7

相手の
運命数が

恋愛 相性 あなたのやさしさに 無自覚に甘える

　あなたのあふれるやさしさに、無自覚に甘えてくる相手。おまけに1人で思索にふける時間が長く、その間、あなたは放置状態。しょっちゅう寂しい思いをするでしょう。そんな相手をどこまで受け入れられるか。忍耐力が試される相性です。

家族 相性 あなたを中心に 強い絆で結ばれる

　あなたが中心となって、強い絆で結ばれた家族関係を実現できる相性です。まずは持ち前の共感力を発揮し、相手の話に耳を傾け、心を開いていきましょう。このとき、家族なのだからという、恩着せがましいもの言いはやめましょう。

友人 相性 プレッシャーを 感じる微妙な関係

　考え方や行動パターンなどが違う2人。違っているからこそ、お互い目が離せないのでしょう。ただ、一緒に行動すると、なんとなく頭を抑えられているような気持ちになりがち。そんなあなたに相手も緊張し、微妙な空気が流れやすい相性です。

仕事 相性 仕事を手伝うより 身の回りをサポート

　相手はチームで仕事をするよりも、1人で地道に取り組みクオリティの高い仕事を仕上げるタイプ。作業そのものを手伝おうとするのはNG。仕事に集中できるような環境をととのえるなど、身の回りのサポートをする関係性をつくりましょう。

あなたの
運命数が

相手の
運命数が

**6** × **8**

恋愛
相性
相手の中に自然と好意が生まれる

　物事をスマートかつバランスよくこなすあなたは、相手の目にはとても魅力的に映っています。特にアクションを起こさなくとも、あなたと一緒にいたいという思いが相手の中に生まれ、想いを伝えてくるでしょう。リード役は相手に任せて◎。

家族
相性
オアシスとなるアジトをつくる

　この相手を上手に盛り立てられるあなた。本来、家族にしばられない相手ですが、あなたがいる家には頻繁に帰ってきます。敵をつくりやすい相手にとって、あなたと過ごす時間は癒やしであり、エネルギーをチャージするひとときなのでしょう。

友人
相性
気遣う一方のアンバランスな関係

　チームの精神的なまとめ役となるあなた。この相手と一緒だと、人情の機微にうとい相手のフォロー役になるでしょう。相手は、あなたのおかげで孤立をまぬがれるものの、それに気づかない可能性大。あなたが何かと気遣うアンバランスな相性です。

仕事
相性
相手の成功に向け道筋をつける

　ワンマンゆえに孤立しやすい相手を、上手にサポートするあなた。メンバーの気持ちをひとつにまとめ、一丸となって仕事に当たるよう仕向けるのです。相手にとってあなたは、成功への道筋をつけてくれるありがたい存在といえるでしょう。

あなたの
運命数が

6

相手の
運命数が

9

あなたの
運命数が

6 × **9**

相手の
運命数が

恋愛相性
会話をもたらすきっかけづくりを

誰に対してもやさしく接するあなたを、相手は好ましく感じています。ただ恋愛方面が苦手なため、あなたがきっかけをつくってくれないかと期待しているのでしょう。何かにつけて話しかけたり、イベントに誘ったりして、好意を伝えましょう。

家族相性
癒やし手であるあなたを癒やしたい

この相手と一緒にいると、家はあなたにとって癒やしの場となるでしょう。普段、あなたが周囲に注ぐエネルギーを、家でチャージしてほしいという相手の思惑があるのです。ただ、そうした気遣いになれていないため戸惑ってしまうかも。

友人相性
繊細な相手の心を気遣い、寄り添う

相手は繊細なメンタルを持つため、世間からはつきあいづらいと思われることも少なくないようです。でも、そんな相手の心に寄り添い、時にケアしてあげられるあなた。相手も、あなたの気遣いに感謝し、何かと力を貸してくれるでしょう。

仕事相性
相手の理想に共感し具体的に動く

世の中の役に立ちたいという相手に共感し、その実現に向けて具体的に動くことになるでしょう。はた目には、あなたが尽くしているように映るかもしれません。でも最終的にはかなりのものを得られます。目先の利益にとらわれないで。

第**3**章　数字が教える2人の関係〜相性占い〜

159

あなたの
運命数が

7 × **1**
相手の
運命数が

恋愛
相性
**ふとした瞬間、
一気に深い仲に**

　最初はテンポがあわないものの、ふとした拍子に歯車がかみあい、一気に深い仲に。パワフルな相手によって、あなたの日常は明るく楽しいものとなり、相手はあなたのユニークさに影響され、さらなる新しい世界へと飛び出していくでしょう。

家族
相性
**プライベート重視の
あっさり相性**

　それぞれのプライベートを尊重した、風通しのよい関係です。これ以上は踏み込んでいけないという範囲が肌感覚で理解できるので、お互いにやりやすいでしょう。あまりにもあっさりしているので外野からクールなファミリーと思われるかも。

友人
相性
**おしゃべりで盛り
上がる楽しい相手**

　人づきあいが苦手なあなたですが、何かと面倒を見てくれるこの相手と一緒にいると楽に感じるでしょう。この相手は何かと好奇心をかき立てる話を持ってきてくれるので、あなたも自然とおしゃべりになり、楽しいひとときを共有できます。

仕事
相性
**役割分担が大切。
苦手な仕事は相手に**

　同じ仕事をするのは苦手な2人。特にあなたがこの相手と一緒に仕事をすると、何かとアラが目について、険悪な雰囲気になりがちです。役割分担し、あなたが苦手とする営業やマネジメントなどを任せると、よい方向へと展開していくでしょう。

あなたの
運命数が

相手の
運命数が

7 × 2

恋愛 相性　気難しいあなたに寄り添ってくれる

　相手は人の気持ちに寄り添おうという思いが強いタイプ。ですから、気難しいあなたも受け入れ、やさしく接してくれるでしょう。あなたにとってはありがたい相手ですが、次第にそうした空気が当たり前となってしまい、物足りなく感じるかも。

家族 相性　あなたを待つ相手に癒やされる

　人に尽くすことを喜びと感じる相手は、あなたに惜しみない愛情を注いでくれます。何かと孤立しやすいあなたですが、家で待っている人のことを思えば、心の底から癒やされるのを感じられるはず。わがままを抑え、時には感謝を伝えて。

友人 相性　思いを理解できる一生の友候補

　人の気持ちに敏感な相手ですから、1人でいたいというあなたの思いも即キャッチ。つかず離れずの絶妙な距離を保ちながら、あなたとつきあってくれるでしょう。あなたさえその気になれば、一生の友として理解を深めていける存在です。

仕事 相性　自分ができることを淡々と続けて

　仕事に対する意識の持ち方が真逆の2人。一緒に働く必要が出たら、チームワークを得意とする相手にリードしてもらい、あなたは自分ができることを淡々と続けましょう。人の気持ちに寄り添える相手ですから、決して悪いようにはなりません。

あなたの運命数が **7** × 相手の運命数が **3**

恋愛相性 自然消滅の恐れも 自分からも行動を

相手にリードしてもらい、いつの間にか関係進展という展開になる相性。ただ、あなたも相手もこれといった決め手に欠け、せっかく恋人同士となっても自然消滅してしまう可能性は大。進展させたいなら、あなたからアクションを起こして。

家族相性 相手を型にはめない 自由すぎる2人

おおらかなムードの家庭となるでしょう。自分のための時間を確保したい2人は、その分、相手を「こうあるべき」と型にはめるのを嫌います。ただ自由すぎて、問題が起こっても放置してしまい、周囲を巻き込む大騒動に発展……ということも。

友人相性 マニアックな話題で 相手は興味津々

交友関係の広い相手と、1人の世界を愛するあなた。真逆な2人ですが、それだけにお互いが気になって仕方がないでしょう。何かの拍子に言葉を交わせば、一気に仲よくなれる相性。マニアックなあなたの話は、相手を夢中にさせます。

仕事相性 相手の人脈で 次々とオファーが

新たな収入源を生み出す相性。あなたの持つスキルが、相手の広い人脈を通して注目されるでしょう。あちこちからオファーを受け、忙しくなりそう。なお、このアウトプットを通して、あなたは新たな課題を発見。腕に磨きがかかることに。

あなたの
運命数が

相手の
運命数が

恋愛
相性
**時間がかかる分
理解が深まる**

すぐに人に心を開けない2人ですから、仲の進展には時間がかかります。ですが、その分お互いの理解が深まります。会話を通じて、さりげなく好意を伝えていくのがオススメですが、決定的ひと言は相手が切り出すのを待って。

家族
相性
**普段と違う一面が
引き出される**

家の中をきちんと整え、あなたにも何かと尽くしてくれる相手。あまりにも尽くされ、申し訳ない気持ちになるかもしれません。相手の負担を減らそうと、できる範囲で家事を手伝うなど、いつものあなたとは違う一面が引き出される好相性。

友人
相性
**言葉を交わせば
一気に親しくなる**

地味に努力を重ねる部分に通じあうものを感じられる相手。話せば共感できる部分も多く、一気に親しくなれるでしょう。あなたが苦手とする現実的な問題解決にアドバイスをくれたり、時にはサポートしてくれたりと心強い友人となってくれます。

仕事
相性
**発展的相性。相手の
働きで収入アップ**

一見、無理なあなたの要求を、実現させようと動いてくれる相手です。おかげで、あなたの仕事の完成度はかなり高いものとなり、2人ともそれなりの収入を手にするでしょう。スキルアップやキャリアアップもできる発展的相性といえるでしょう。

あなたの
運命数が
7

×

相手の
運命数が
5

恋愛
相性
**浮き沈みの激しさが
仲を深める相性**

あなたの見た目と中身のギャップが、相手の好奇心を刺激します。あなたも浮き沈みの激しい相手から目が離せず、その波に巻き込まれたとしても「楽しい」と感じるでしょう。穏やかさとは無縁ですが、それがかえって2人の仲を深めます。

家族
相性
**「安らぎ」とは無縁
何かと張り合い**

あなたも相手も、何かと張り合ってしまい、2人のいる空間はピリピリしたものとなりがちです。家という言葉につきものの「安らぎ」や「癒やし」とは縁遠い相性。でも、そうした状況を面白いと思える図太さが、2人の中にはあるようです。

友人
相性
**相手のアプローチを
受け入れてみて**

華やかな相手を自分とは違う世界の人と感じ、自然と距離を置くあなた。実は相手もそうした違いを感じていますが、強く興味を引かれ、何かとアプローチをしてきそうです。面倒に感じても、いったんは相手を受け入れて。得るものがあるはず。

仕事
相性
**ユニークなモノ・
コトを生み出せる**

専門知識と技術を持つあなたと、面白いことが大好きな相手。2人が組むことで、次々とユニークなモノ・コトが生み出され、一気に注目されるでしょう。ただ、相手は飽きっぽく、せっかくコンビを組んでもすぐに自然消滅してしまう可能性も。

あなたの
運命数が

相手の
運命数が

恋愛 相性　冷たく接しても 受け入れてくれる

つきあうまでに時間のかかる2人です。交際が始まっても、やさしさあふれる相手に、どう接していいかわからず、わざと冷たく接してしまうかもしれません。それでも受け入れてくれるありがたい相手。あなたを精神的に成長させてくれます。

家族 相性　静かで落ち着いた 時間を共有できる

孤立しがちな自分にていねいに接し、共感を示してくれる——そんな相手のいる家は居心地がよく、強い絆で結ばれているのを感じられるでしょう。真逆なタイプですが、あなたが理想とする、静かで落ち着いた時間を共有できる相性です。

友人 相性　ライバル心は抑え リスペクトを示して

「負けたくない」という気持ちが湧いてしまう相手。自分と違い、多くの人から慕われている相手がうらやましいのかも？このライバル心を表に出すと、かえって孤立しかねません。相手は相手、自分は自分と割り切り、リスペクトを示して。

仕事 相性　気持ちよく仕事が できるように

選り好みが激しいあなたは「納得できない仕事はしない」と、せっかくのチャンスをささいな不満でふいにしていたかも。調整能力に優れたこの相手と組むことで、気持ちよく仕事ができるようになるうえ、大きな成功と利益を手にできるでしょう。

あなたの運命数が **7** × 相手の運命数が **7**

恋愛相性　知識や知性を交換しあい喜びを得る

　知的な結びつきが欠かせない2人。小難しい話を取り上げてシリアスに話し込んだり、トリビア的な話題で楽しく語らうなど、知識や知性を交換しあえます。お互いを通じて学びあう喜びを得られれば御の字ですが、意見が対立すると危機的状況に。

家族相性　リスペクトしあいステキな家族に

　食卓で議論を展開して意気投合するか、思い切りぶつかることがあるでしょう。お互いの考えを尊重し、リスペクトできる関係を築ければ、どんなことでも話しあえるステキな家族になる相性。どちらかが相手をバカにするととんでもないことに。

友人相性　よき理解者としてわかりあえる2人

　マニアックな話題や趣味で意気投合する相性です。近況報告のときも、ただ話すだけではなく、得た気づきにふれることで仲間意識が生まれる精神的な結びつきの強さがあります。1人の時間を好むので、会おうと言いつつ月日がたっていくことも。

仕事相性　専門・研究職で刺激しあい活躍

　専門職や研究職で活躍する相性です。お互いの知識や技量が刺激となって、よきライバルになることや、同じ目的に向かって、力をあわせるでしょう。小難しいことを口走るだけで行動が伴わないと、仕事として成り立たなくなるケースも。

あなたの
運命数が **7**

相手の
運命数が **8**

恋愛相性　猛アプローチされ交際スタート

あなたの知的でミステリアスな部分が、相手の心に火をつけます。バイタリティあふれる相手の猛アプローチで交際スタート。その後は、あなたがリードをとる形に。ただ知的な会話が楽しめないのが物足りず、そこから溝が生まれる恐れも。

家族相性　普段は距離を置くドライな関係が◎

人は簡単にはわかりあえないけれど、家族だから仕方がない——そんな考えがお互いの頭に浮かぶ相性です。相手はあなたのつかみどころのなさに、あなたは相手の頑固さにイライラ。普段は距離を置き、必要なときにだけ会うドライさが◎。

友人相性　違いが面白い相手たまに会うのが◎

接点が少なく、何かの拍子で言葉を交わしても、そこから発展させるのは難しい2人。ただ、お互いに相手の視点や考え方があまりにも自分と違うので面白く感じられるでしょう。いつも一緒は疲れてしまうものの、たまに会うといい刺激に。

仕事相性　第三者を交えて大きな利益を生む

高い専門能力を持つあなたと、行動力のある相手。うまくかみあえば大きな利益を生む組み合わせですが、どうしてもコミュニケーション不足になりやすいのが難点。調整能力に優れた第三者を入れ、三人体制に切り替えるのがオススメ。

あなたの
運命数が

7

×

9

相手の
運命数が

恋愛 相性
あなたから距離をつめて関係進展

　探求心旺盛なあなたは、少々浮き世離れした相手が気になるでしょう。相手はそんなあなたの想いをキャッチし、理解してもらえない自分を、あなたならわかってくれると期待しています。あなたからアプローチしていけば、仲が進展する相性です。

家族 相性
どんなときにも味方になる相性

　愛情と安らぎに満ちた家族を実感できる相性。一緒に暮らしていく中で、信頼を深め、心の深い部分でつながっていきます。どんなときにも味方になってくれるありがたい存在です。「この人と家族でよかった」と思うこともしばしばあるでしょう。

友人 相性
自分たちだけの世界をつくりあげる

　専門性を追求するあなたと、理想を追求する相手。接点は少ないものの、いったん出会えば通じるものを感じとり、自分たちだけの世界をつくりだすこととなりそう。そこで心のうちをさらけ出し、何でも話しあえる親友となれるでしょう。

仕事 相性
相手の理想の実現に力を貸して

　相手が思い描いている理想を現実のものとするのに、あなたの専門的な知識とスキルが大いに役立ちます。ただ、あなたも相手も相当なスロースターター。そのため「こうなったらいいね」と夢を語るだけで終わってしまいがちなのが残念。

あなたの
運命数が

相手の
運命数が

恋愛相性　出会ってすぐ恋に落ちる2人

　トップに立つ2人、出会った瞬間に通じあうものを感じ、恋人同士となるまでそう時間はかからないはずです。ただ、お互いに自分がリードをとろうとする意識が強いのがネック。相手よりも精神的に大人なあなたが、時には譲ってあげましょう。

家族相性　自由を最優先し家はおざなりに

　家族に対する優先度が低い2人。仕事や趣味に忙しく、家のことをおざなりにしてしまいがち。でも「自分たちが好きなことをやっていれば、それでもOK」といったおおらかな空気が流れているでしょう。自由でのびのびと過ごせる関係です。

友人相性　衝突は似た者同士の"じゃれあい"

　ともにパワフルかつリードをとりたがるタイプ。何かと衝突する場面もありますが、それは似た者同士ゆえのじゃれあいといったところでしょう。最終的には、相手のために何かと便宜を図ったり、目的達成のために協力したりと助けあえる相性。

仕事相性　成功を足がかりに次を引き寄せ

　チャレンジ精神あふれる相手のサポートを得ることで、予想以上の成果を手にできるでしょう。でも、そこで満足せず、その成功を足がかりに今より大きな案件を引き寄せる発展的相性。ただ、あまりの勢いにチームメイトがついていけない恐れも。

あなたの
運命数が

相手の
運命数が

恋愛 相性　足りないところを補いあえる関係

　お互いに自分に足りないところを補いあえる相性です。どちらかといえば、あなたが助けられたり、支えてもらったりする場面が多くなりそう。相手も、あなたを支えるスタンスを心地よく感じています。感謝の気持ちを伝えるのを忘れないで。

家族 相性　家のことは相手に一任するのが正解

　家族愛に温度差のある2人。仕事やつきあいが大事なあなたに比べ、相手は愛情深く、家族のために尽くすのを喜びとするタイプです。そんな相手に家のことは一任するのが正解。張り切って、あなたがくつろぐ場をつくりあげてくれるでしょう。

友人 相性　あなたの甘えをやさしく受け入れる

　何かとあなたの面倒を見てくれる相手。そんな相手に甘えたり、わがままを言ったりすることもあるでしょう。はた目には、あなたが相手をいいようにしていると映るかも。でも肝心の相手は、そんなあなたをやさしく受け入れてくれています。

仕事 相性　率いるチームの精神的支柱

　あなたがリーダーとして力を発揮するのに、この相手は欠かせない存在。人の心の機微に敏感ですから、あなたが取りこぼしがちなチームメンバーのメンタルケアに当たってくれるでしょう。あなたが指揮するチームの精神的支柱といえるかも。

あなたの
運命数が

相手の
運命数が

8 × 3

恋愛相性
アプローチは焦らずゆっくり

　明るく楽しく人生を送りたい相手にとって、あなたの言動は攻撃的に感じられるのでしょう。最初のうちは緊張感が漂います。相手と会うときは肩の力を抜き、焦らず、ゆっくりとアプローチ。会話では聞き役に回り、アドバイスをしてあげて。

家族相性
会話を増やし小言は減らして

　安易な方向へと流れやすい相手。そのため、あなたとしては心配で気が気でないでしょう。何かと小言を口にしてしまい、煙たがられてしまう可能性も。何気ない会話を増やすなどコミュニケーションを密にして、信頼関係を築いていきましょう。

友人相性
豊かな発想力であなたを刺激

　楽天的で軽そうに見える相手です。最初のうちは距離を置いてしまうでしょう。ただ次第に、相手のクリエイティビティやユニークな視点を魅力的に思い、自分からアプローチしていくはず。その豊かな発想力であなたを刺激してくれる存在です。

仕事相性
相手の力量を見極め仕事を振って

　あなたがリードし、相手に仕事を振るという形になる相性。ただ、仕事のボリュームやペース配分などで、自分と同じように考えてしまいがちな点は注意しましょう。相手はついていけず、仕事に対するモチベーションを下げてしまいます。

あなたの
運命数が
8°

相手の
運命数が
4

恋愛 相性 — 時間をかけ理解を深める覚悟を

とにかく慎重な相手。交際が始まるまでも、始まってからも、思うように進展せずイライラさせられるでしょう。でもそれは、2人の将来を考えている証し。時間をかけて理解を深めていこうと、あなたが覚悟を決めることでうまくいく相性です。

家族 相性 — すべて任せられる理想的な相性

家の切り盛りが得意な相手です。あなたは何もかも任せ、自分の仕事、やりたいことに専念できるでしょう。理想的な相性といえます。ただ自分のことにばかりかまけてしまうと、家族間での存在が薄くなり、居場所がないように感じることも。

友人 相性 — 努力する者同士、自然と助けあう

地道な努力をいとわない相手に、信頼できるものを感じます。相手も「これ」と決めたものに向かっていくあなたに共感し、何かとサポートしてくれるでしょう。一緒にいれば、お互いに足りない部分を自然とフォローしあえる相性です。

仕事 相性 — スローペースでも利益と成功は確実

一緒に仕事をすれば、成功と利益を確実に手に入れることができる組み合わせです。相手は慎重なタイプなので、いつものスピード感は影を潜めてしまうかもしれません。その分、取引先からの信頼度はアップ。長い目で見るとプラスの展開に。

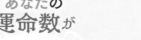

あなたの
運命数が

8

×

相手の
運命数が

5

恋愛相性　自分の魅力を信じどっしり構えて

　あなたからアプローチをしていくことでうまくいきます。ただ、相手はモテるタイプ。その心を自分のものにしようと、つい時間もお金も注ぎ込んでしまう危険性もはらんでいます。もっと自分の魅力を信じ、どっしりと構えていきましょう。

家族相性　一歩引いて様子見のスタンスが正解

　思うようにならない相手にイライラし、家の中の空気もギクシャクしがち。どんな場でもリードをとりたいあなたの言動は、相手にとっては頭を押さえつけられているようで反発してしまうのでしょう。あなたが引いて、様子見のスタンスが◎。

友人相性　たまに会って楽しく過ごせる

　たまに会えば楽しく過ごせますから、長く一緒にいたくなるかもしれません。でも、そうすると相手の考え方、ものの見方に軽さを感じ、「ついていけない」というネガティブな思いでモヤモヤ。距離をおいたつきあいがベストという結論に。

仕事相性　目的を明確にしあとは一任

　仕事に対する熱量、スピード感、期待するものなど、あらゆるもので食い違っている2人です。いつもの調子で仕事をしようとすると衝突は必至。「こうしたい」という目的を明確にしたら、その後は相手に一任するのがオススメです。

あなたの
運命数が

 ✕

相手の
運命数が

恋愛 相性
不安は隠さず 言葉にして伝えて

　あなたがリードをとる形で交際がスタート。ただ、やさしい相手なだけに、本心がつかめずヤキモキさせられそう。大切なのは、そうした不安を押し隠さず、言葉にして伝えること。冷静に相手と向きあう姿勢が関係進展には不可欠な2人です。

家族 相性
癒やしのパワーに 満ちあふれた家庭

　思いやりに満ちた相手のいる家は、癒やしのパワースポットとなるでしょう。家庭の優先度が低いあなたですが、この相手の場合は別。用事が終われば真っ直ぐ帰り、家族と一緒に過ごす時間は、何よりも大切なものとなるはずです。

友人 相性
コミュニケーション スキルを見習って

　間違ってはいないものの、ストレートなもの言いで立場を悪くしがちなあなた。優れた調整役である相手に、何かとフォローしてもらい孤立をまぬがれているでしょう。言葉の選び方など、コミュニケーションスキルを学ぶのに絶好の相手です。

仕事 相性
あなたを支え全員 気遣う心強い存在

　一緒に仕事をすれば、あなただけでなくチームの全員が気持ちよく仕事をできるよう、何かと気遣ってくれる相手です。また、人のポテンシャルを引き出すのも上手ですから、期待した以上の利益と成功を手にできるでしょう。

あなたの
運命数が

8
×
7

相手の
運命数が

恋愛
相性
目が離せない相手 同情が愛情に変化

　不思議な存在感があり、目が離せません。1人でいることの多い相手に同情し、それが愛情へと変わっていくのでしょう。いったん交際がスタートすれば、あなたがひたすら尽くす形に。普段の自分とは違う一面を引き出してくれる相手です。

家族
相性
相手の考えが理解 できず溝を深める

　一緒にいるとひんやりした空気が漂ってしまいます。コミュニケーションをとるにしても相手の考えが理解できず、かえって混乱して溝を深める恐れが大。普段は当たらずさわらず。必要なときにだけ話しあうといったドライな関係がベストです。

友人
相性
「友達のうちの 1人」が長く続く

　嫌いではないものの好きでもない。一緒にいても、つかみどころのない相手にどう接すればいいのかわからず、そんなあなたに相手も距離を置く、という悪循環が生まれがち。結局、「友達のうちの1人」という関係が長く続くでしょう。

仕事
相性
大成功の可能性を 秘めた相性

　ポテンシャルを秘めた相性。あなたは相手の知識やスキルを使って大きな成功を手にし、相手もあなたと仕事をすることで有形無形の利益を得ます。ネックになるのが、コミュニケーション不足になりがちな点。相手を理解する努力を忘れずに。

あなたの
運命数が

 8 × 8

相手の
運命数が

恋愛
相性
**勝気な2人。
大人の対応がマスト**

　勝気な2人です。恋の展開はスピーディーで、デートも盛り上がりますが、少しでも気に入らないところがあると、一気に興ざめするでしょう。大人の対応ができれば、難を逃れますが、衝突すると危機的展開に。同じ夢や目標を持てるとよいでしょう。

家族
相性
**同じ目的を持って
頼りあえる関係に**

　よくも悪くも振れ幅の広い相性です。力比べの相手となって争うことなく、同じ目的を持てると頼りあえる関係を築けます。意見の食い違いで衝突しても、結果よければすべてよしとなる2人。目指すことをひとつにして、力をあわせましょう。

友人
相性
**お互いを高めあう
一方、激しく嫉妬も**

　ライバルとしてお互いを高めあう一方で、激しく嫉妬することがあるでしょう。両者ともに叱咤激励しながらも、慰めあえるという、激しい相性です。おのおのに嫌いなところがあったとしても、それでも向きあえる真の友人関係を築けるでしょう。

仕事
相性
**協力しあえれば
最高の仕事仲間に**

　どちらもパワフルな仕事人です。よきライバルとなってお互いに切磋琢磨するか、同じ目的に向かって協力しあえると、最高の仕事ができるでしょう。万が一、お互いを敵対することや、権力を争うようになると、不毛な関係になってしまうことに。

あなたの
運命数が

8
×

相手の
運命数が

9

恋愛相性 不満を爆発させる前に思いを伝えて

誰にでもやさしい相手に不満を抱くものの、それをあらわにするのはプライドが許さないでしょう。相手はあなたの不満に気づかないどころか、自分を信頼し好きにやらせてくれているとご満悦。不満が爆発する前に正直な気持ちを伝えて。

家族相性 2人の時間をしっかり確保

自分の気持ちをていねいに伝えていく必要がある相性。家庭の優先度が低いあなたにとって、家族ファーストな相手の言動は重く感じられるのでしょう。折に触れ、1人で過ごす時間が必要なのだと理解を求めつつ、2人の時間もしっかり確保して。

友人相性 年齢性別を超え、長いつきあいに

お互い相手に対するリスペクトが自然と生まれ、年齢性別を超えて長いおつきあいができる相性です。相手はあなたに影響され、地に足のついた考え方をするようになり、あなたも相手のおかげで人脈が広がり、広い視野で物事を見られるように。

仕事相性 文化芸術方面でも名声を得られる

発展的相性です。この相手と一緒に仕事をすると、経済的利益をあげるだけでなく、文化や芸術といった方面で名をあげられるでしょう。活動の場が広がります。そのためにも、すべて自分で仕切ろうとせず、相手の裁量に任せるようにして。

あなたの
運命数が

9 × 1

相手の
運命数が

恋愛相性　一緒なら何でもできそうな気分に

　共感できる部分が多く、一緒にいれば何でもできそうな気になれるはず。ただ、時間がたつにつれ、何かと相手に振り回される場面も。でも、原因は「もっと自分を見てほしい」という不満。一緒に過ごす時間は、相手の話だけに耳を傾けて。

家族相性　夢の実現に向け協力する相棒

　バイタリティあふれる相手とは、夢の実現に向けて協力できる相性。まさに人生の相棒となってくれるでしょう。ただ、我が強い相手ですから、意見がぶつかることも少なくありません。時にはあなたが譲り、でも通すべきところは通していって。

友人相性　向きあうのではなく同じものを見る

　あなたも相手も、自我がしっかりしているタイプ。その分、相手を理解しようと向きあうと、何かとぶつかってしまうでしょう。それよりも、同じものを見て、それに向かって進んでいくのが◎。相手の言動を通じて理解を深めていく相性です。

仕事相性　確実に成果をあげる相手と切磋琢磨

　ライバルと呼ぶのにふさわしい存在。チャレンジ精神にあふれ、確実に成果をあげる相手を意識するあなた。相手以上の成果をあげ、それを社会に還元しようとします。一緒に仕事をすれば互いに切磋琢磨し、いつも以上の利益をあげるでしょう。

あなたの
運命数が

相手の
運命数が

恋愛 相性
**なかなか恋心を
自覚できない2人**

　何かと力になってくれる相手です。あなたが悩みなどを相談するうちに自然と気持ちが通いあいます。ただ、恋愛にはオクテなあなた。「2人はつきあっているんでしょう？」などと言われて関係を自覚した、なんてこともありえるでしょう。

家族 相性
**あなたの幸せ
＝相手の幸せ**

　この相手といると、やさしさにあふれた家族愛を実感するでしょう。相手にとっては、あなたの幸せが自分の幸せ。あなたが過ごしやすいように家の中をととのえてくれるのです。つい「出かけずに家にいよう」などと思ってしまうかも。

友人 相性
**せっかくの
やさしさがあだに**

　深い愛情の持ち主で、どんなときにもあなたの味方となってくれる相手です。ただ、そのやさしさがあだとなって、あなたをダメにしてしまったり、相手の立場を悪くしてしまったりすることも。あえて距離を置く必要がある相性といえるでしょう。

仕事 相性
**スケール感が違い
モヤモヤだけ残る**

　スケール感が違い、かみあわない2人。相手は何かと気遣い、サポートしてくれるものの、あなたとしては、遠慮せず踏み込んでほしいとじれったく思うことが多くあるでしょう。仕事そのものは可もなく不可もなく。モヤモヤだけが残りそう。

あなたの
運命数が
9 × **3**
相手の
運命数が

恋愛
相性

**居心地のよい相手
恋愛には発展せず**

居心地がよく、一緒にいるとラクな相手。相手もまた、あなたの考えていることが自然と理解できるのでラクだと感じているでしょう。ただ、恋愛関係には発展しにくい相性。そうした関係を望むなら、2人一緒の将来像を思い描いてみて。

家族
相性

**相手のルーズさに
引きずられないで**

相手にあわせるあなたにとって、この人と暮らす家庭は、相手の性格そのままの明るく楽しいものになるでしょう。ただ油断すると、相手のルーズさに引きずられ、生活がだらしなくなる可能性が。そこをしっかりコントロールしていきましょう。

友人
相性

**周りも明るくする
お笑いコンビ**

2人の間には、いつでも笑い声があがっているでしょう。一緒にいると、話し上手な相手につられ、あなたも話が長くなりがち。しかもボケやツッコミなども入れないと気がすみません。相手だけでなく、周りにいる人たちも明るくする組み合わせ。

仕事
相性

**面白いアイデアで
力を貸してくれる**

自分のためだけでなく世の中のためになる仕事をしたい。そんなあなたの姿勢に共感し、協力してくれる相手です。次々と出してくる面白いアイデアを、とにかく実行していきましょう。たくさんの種をまくことで、さまざまな可能性が生まれます。

あなたの
運命数が

相手の
運命数が

恋愛
相性
**有言実行の姿勢で
夢実現への努力を**

　堅実な相手の目に、あなたはたんなるドリーマーと映っていそう。そうしたイメージを払拭させるため、夢実現に向け努力している姿を見せて。見る目が変わるだけでなく、一気に関係が進展します。何かと相談したり、頼ったりするのも◎。

家族
相性
**あなたが相手に
あわせ絆を強めて**

　物事のとらえ方にズレがある2人はギクシャクしがちですが、あなたが相手のペースにあわせれば、穏やかで安定した相性となるでしょう。このとき、相手を変えようとするのではなく、あなたが相手にあわせるのが◎。2人の絆が強まります。

友人
相性
**ひそかにあなたの
夢実現を後押し**

　夢の実現をバックアップしてくれる相手。ただ、あなたに知られないようこっそりとやっているので、あなたはすぐに気づかないかもしれません。また、あなたの無理や甘えも受け入れてくれているでしょう。折に触れて感謝の気持ちを伝えて。

仕事
相性
**利益の出る仕事の
方法を教えてくれる**

　確実に利益を出すためのハウツーを持っている相手。一緒に仕事をすれば、これまでよりも合理的に仕事を進められるでしょう。また、あなたの仕事がスムーズに運ぶよう何かとアドバイスをくれることもあり、学ぶものの多い相手です。

あなたの
運命数が

9

×

相手の
運命数が
5

恋愛相性　さまざまな場面で　相手を引きつけて

　恋愛指数が高い相手に自然とリードをゆだねる形となるでしょう。ただ、すべてを相手の思う通りにしてしまうと、すぐに飽きられてしまいます。人間的魅力を磨き、恋愛以外のさまざまな場面で相手の目を引きつける努力が必要な相性です。

家族相性　落ち着きとは無縁　楽しんだ者勝ち

　2人の家庭は、落ち着きとは無縁。次々と小さなトラブルが発生し、その対応に追われることとなりそうです。そもそも、この相手自身が安定を嫌うので、ドラマチックになってしまうのは仕方がないのかもしれません。楽しんだ者勝ち。

友人相性　翻ろうされがち　一対一は避けて

　あなたを楽しませようとして何かと誘ってくれる相手です。実際、会えば楽しいものの、どうしても相手に振り回される形になり、エネルギーを吸い取られたかのような疲労感が残りそう。一対一より、グループメンバーと一緒に行動するのが◎。

仕事相性　あなたが計画を　立て相手をリード

　一緒に仕事をするときは「どうしたいのか」と目的をはっきりさせる必要がある相手です。さもないと、次々と突拍子もない提案をして現場を混乱させてしまうでしょう。まずはあなたが計画を立て、相手をうまくリードしていきましょう。

あなたの
運命数が

9

×

相手の
運命数が

6

恋愛相性　相手のやさしさに あぐらをかかない

　あなたを理解しようとする努力を惜しまない相手です。自然と一緒にいる時間が長くなり、関係を深めていけるでしょう。ただ、相手のやさしさにあぐらをかき、自分のことにばかりかまけないこと。さもないと、突然深い溝が生まれてしまいます。

家族相性　愛情あふれる2人 大勢が集う場に

　あふれんばかりの愛情を持つ2人。その家庭は、安らぎと癒やしに満ちたものとなるでしょう。また交友関係が広い者同士、そのやわらかな空気が多くの人たちを引き寄せる可能性は十分。楽しいイベントで盛り上がる場として重宝されるかも。

友人相性　心折れそうなとき 寄り添ってくれる

　理想を追求するあまり、浮き世離れしていると思われがちなあなた。心折れそうになることもあるでしょう。この相手は、そんなあなたに寄り添い、励ましてくれる存在です。そのやさしさを受け取るだけでなく、何らかの形でお返しをして。

仕事相性　最強のチームを 用意してくれる

　あなたの仕事に、この相手は必要不可欠な存在。人の心の動きに敏感ですから、自然と他のメンバーたちからも頼られます。あなたがリーダーならば、この相手にチームづくりを任せて。強い絆で結ばれた最強のチームを用意してくれるでしょう。

あなたの
運命数が
9

 ×

相手の
運命数が
7

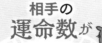

恋愛相性
「わからないから面白い」相手に夢中

　一見、理解しがたい相手。でも言葉を交わすうちに、そのミステリアスなところに興味をそそられそう。「わからないから面白い」相手に夢中になってしまいます。相手もまた、あなたのユニークな考え方に感心し、アプローチしてくるでしょう。

家族相性
「2人の宇宙」をつくりあげる

　静かで穏やか、言葉がなくてもわかりあえる相性。口下手な相手ですから、そのしぐさや顔色といった言葉以外の部分でコミュニケーションをとるようになるでしょう。その結果、ほかの人が入り込めない「2人の宇宙」をつくりあげるかも。

友人相性
根本の部分で理解しあえる2人

　見ているものは違うものの、2人とも「自分の世界」を大切にするタイプ。根っこの部分で相手のことが理解できるので、自然と仲よくなるでしょう。ケンカ別れしても、ある程度時間がたてば復活し、以前よりも強い絆で結ばれることも。

仕事相性
成功しても現実的利益は今ひとつ

　話が通じやすいので、仕事もスムーズに進めていけるでしょう。ただ、仕事で重視する点が、精神的に満足できるか、世の中の役に立つかどうかである2人。そのため、成功はしても現実的な利益になかなかつながらない可能性があります。

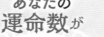

あなたの
運命数が

相手の
運命数が

9 × **8**

恋愛 相性 相手のために ガマンするのも愛情

強いリーダーシップを持ち、トップに立つことの多い相手です。自然と、あなたが相手のためにガマンする場面が多くなってしまうでしょう。それもひとつの愛の形と考え受け入れようとする心の広さが、相手には魅力的に映っているようです。

家族 相性 相手の立場を 理解し家族をケア

2人の間には、おおらかな空気が流れています。相手の立場や考え方をあなたなりに理解し、フォローしようと、相手のケアに力を注ぐあなた。そんな前向きな姿が、どんなときでも味方でいてくれる存在として相手の中で大きくなっています。

友人 相性 現実的な相手に 危機を救われる

夢見がちなあなたは、現実的な相手によって何度も危機から救われ、頭が上がらないのでは？　でも、不思議とそれがイヤだとは感じないはず。相手も、あなたのおおらかさに憧れている様子。不思議な友情で結ばれた相性といえるでしょう。

仕事 相性 お金の力を実感 学ぶものも多い

もともとあなたは「稼ぐ」ということに関心が低いタイプですが、利益重視の相手と組むことで、あなたはお金の力を実感。大切なのは「稼いだお金をいかに使うか」だと気づくはず。あなたにとって学ぶものの多い相性といえます。

あなたの
運命数が

✕

相手の
運命数が

恋愛
相性
**人生の伴侶として
意識しあう2人**

　自然な流れで惹かれあう相性です。共感することが多く、運命を感じることもある2人でしょう。交際すれば、生涯をともにするパートナーとして意識しあう関係です。ロマンチックなムードが、2人を結ぶ最強のシチュエーションになります。

家族
相性
**隠し事や都合の
悪さがすぐわかる**

　何も言わなくても、隠し事や都合の悪さが伝わるのが家族ですが、それがより強く表れる相性です。よいときは理解者として味方になりますが、いさかいが生じているときは、相手の考えがわかるからこそより腹立たしい存在です。

友人
相性
**言葉にしない思いに
気づいてしまう**

　感性の似ている2人です。穏やかに過ごせる相性ですが、言葉に出さない思いにも気づいてしまう分、複雑な気持ちになることもあるでしょう。フォローしあうことで、存在感を高めていきます。一緒にいると心強い友になるでしょう。

仕事
相性
**机上の空論に
終わらせないで**

　互いにサポートしあいながら、仕事を発展する相性。理想を語り、あれもこれもできる気分になりますが、そこから一歩踏み込めないと机上の空論で終わることも。いつまでに必ずこれをするとプランを決めるか、第三者を巻き込むといいでしょう。

第4章

▽ ▽ ▽

数字が示す
運勢
〜バイオリズム〜

数秘術で見ることができるのは、自分自身や相性だけではありません。今、この瞬間のこと、そして未来も、カレンダーが示す数字と誕生日を組み合わせ、読み解けるのです。

運の波を知る

　この世に生まれた人々は、誕生日に秘められた運命数のもとに人生を送りますが、その状態には波があります。これが運の波「バイオリズム」と呼ばれるものです。

　数秘術では、このバイオリズムを1から9の状態になぞらえます。運気が1の日、あるいは月、年から、2、3……と流れ行き、運気が変化し、9の状態になったら、1に戻る。そして、この運気の変化は、次のように段階を踏んでいます。

　　1〈はじまる、発芽、原因〉　⇒**2**〈結びつく、つぼみ、忍耐〉
⇒**3**〈物事が進む、開花、成長〉⇒**4**〈組み上げる、結実、努力〉
⇒**5**〈変わる、収穫、動揺〉　⇒**6**〈受け入れる、枯死、協力〉
⇒**7**〈改める、休眠、内省〉　⇒**8**〈形にする、種子、結果〉
⇒**9**〈完了、種まき、原点回帰〉というぐあいです。

　この9つの段階は、1から順に3つずつ、3つの段階に分けられます。1、2、3の第一段階は〈基礎固めの時期〉、4、5、6の第二段階は〈過渡期〉、7、8、9の第三段階は〈集大成の時期〉となり、それぞれが1つの成長のステップを表します。人は、このライフサイクルを繰り返しながら人生の波にもまれ、自らを育み、人としての成長を遂げていくのです。

バイオリズムの出し方

例 ▶▶ 5月27日生まれのAさん の場合

◆**年運を知りたいとき** その年の数＋誕生月日数⇒年運数

❶ 占いたい年を計算し、その年の数を出します。
　2023年の数は、**2＋0＋2＋3＝7**で「**7**」

❷ Aさんの誕生月日数を2023年の「**7**」に足して1けたに！
　5 ＋ **2＋7＝14** → 1＋4＝**5**→7＋5＝12→1＋2＝3　年運数は「**3**」
　└生まれ月　└生まれ日　　└誕生月日数

年運数がわかれば、下の表から、月運数と日運数を見つけられます。

◆**月運数表**

月 ＼ 年運数	1	2	3	4	5	6	7	8	9
1、10月	2	3	4	5	6	7	8	9	1
2、11月	3	4	5	6	7	8	9	1	2
3、12月	4	5	6	7	8	9	1	2	3
4月	5	6	7	8	9	1	2	3	4
5月	6	7	8	9	1	2	3	4	5
6月	7	8	9	1	2	3	4	5	6
7月	8	9	1	2	3	4	5	6	7
8月	9	1	2	3	4	5	6	7	8
9月	1	2	3	4	5	6	7	8	9

◆**日運数表**

日にち ＼ 月運数	1	2	3	4	5	6	7	8	9
1、10、19、28日	2	3	4	5	6	7	8	9	1
2、11、20、29日	3	4	5	6	7	8	9	1	2
3、12、21、30日	4	5	6	7	8	9	1	2	3
4、13、22、31日	5	6	7	8	9	1	2	3	4
5、14、23日	6	7	8	9	1	2	3	4	5
6、15、24日	7	8	9	1	2	3	4	5	6
7、16、25日	8	9	1	2	3	4	5	6	7
8、17、26日	9	1	2	3	4	5	6	7	8
9、18、27日	1	2	3	4	5	6	7	8	9

▽**例**▽
年運数「**3**」の年の**7月**の運勢
＝年運「**3**」の列と「**7月**」の
行が交わる箇所の数字
＝「**1**」が月運数

▽**例**▽
月運数「**6**」の月の**8日**の運勢
＝月運「**6**」の列と「**8日**」の
数字が交わる箇所の数字
＝「**5**」が日運数

※月運数、日運数は計算して出すこともできます。

◆**月運を知りたいとき** 年運数＋その月の数⇒月運数

その年の年運数に、占いたい月の数を足して1けたに！
Aさんの7月の月運数は、年運数**3**＋**7**月＝10→1＋0＝**1**で「**1**」
Aさんの12月の月運数は、年運数**3**＋（**1＋2**）月＝6で「**6**」

◆**日運を知りたいとき** 月運数＋その日の数⇒日運数

その月の月運数に、占いたい日にちの数を足して1けたに！
Aさんの7月2日の日運数は、月運数**1**＋**2**日＝3で「**3**」
Aさんの12月8日の日運数は、月運数**6**＋**8**日＝14→1＋4＝5で「**5**」

バイオリズム

1

日 運数 **1** の 運勢
DAY

　ワクワクする一方で、ドキドキするような、期待と緊張が渦巻く日。はじめての場所を訪れることや、初対面の人との出会いがあるかもしれません。心構えの有無は関係なく、初挑戦する可能性も。服や髪型、食べものなどで冒険するなど、「新しい○○」を取り入れるのもオススメです。

　気まぐれのままに目移りしていると、何も手につかぬまま一日が終わることに。以前から気になっていたことがあるなら、しっかりアイデアを練って、具体的なプランを立ててみては？　衝動的にならず、じっくり考えることで、実現性も高まっていきます。

　アピール力が増すので、告白や売り込みがうまくいくでしょう。落ち着きを失いやすいときです。人をバカにした態度や敵対視する言動は控えましょう。

月運数 **1** の運勢

物事を切り替えるのによい1カ月です。新しく仕切り直すイメージで、気分を入れ替えていけば、幸先（さいさき）のいい展開がめぐるようになります。

新しいアイデアが浮かんだら、それを実現するために動くのもオススメ。主体性をもって行動することで、道が拓けていくでしょう。イニシアチブをとることで、自信も満ち、やる気に火が付くように。

一方、何をするにしてもリスクは伴いますが、それを恐れていては何もはじまりません。挑んでこそつかめるのがチャンスです。目的意識をしっかり持って、進めていきましょう。

新しい出会いをつかむのにもよい時期です。関心のなかったタイプの人や方面にも視野を広げつつ、転居や転職など、これまでと異なる環境に身を置くのも悪くありません。

年運数 **1** の運勢

「はじまり」がテーマになる1年です。環境や人間関係の変化も訪れるでしょう。臆せず飛び込んだ先に、チャンスもめぐってきます。好奇心を味方につけ、進みましょう。

何もはじめることなくこの1年を終えてしまうと、今後のライフサイクルで実るはずのものが実らなくなります。はじめの一歩を踏み出すには勇気が必要ですが、やりたいことに着手し、チャンスが来たら挑戦し、その場で足踏みをしないことが大事です。

ただし、あれもこれもと欲張らないで、やると決めたことを中心にしましょう。目標をしっかり持ってプロセスを追い、計画を進め、芽吹かせていくのです。第一段階のスタート地点にあることを忘れずに、すぐに軌道に乗るとは思わず、出てきた芽を安定させましょう。

第 **4** 章 数字が示す運勢〜バイオリズム〜

日運数 2 の運勢
DAY

　フレキシブルな対応が求められる日です。たとえば、予定に割り込みが入ったり、思わぬところで友達から泣きつかれたりなど、番狂わせの状況に見舞われるときです。状況整理のポイントは、拒絶せずに受け止めること。そのうえで対処して。

　柔軟性が強みになります。相手に譲歩しながら歩み寄り、関係を築くチャンスです。「ダメです」と断らず、可能な範囲で折り合いをつけましょう。妥協も1つの手段になりますが、お互いに折れながらの調整が好ましいでしょう。ケンカをしたり、バツの悪い状態になっていた人との仲直りにもよい機会になります。

　細かい作業がはかどるときです。普段よりも細部まで気づくことができるでしょう。注意深く行いたいことを終わらせると充実の1日に。

月運数2の運勢
~~~~~ Monthry ~~~~~

　人とのおつきあいを充実させたい1カ月です。よきパートナーシップを築けるように、相手の理解に努めましょう。これは、家族、友人、恋人、職場関係など、すべての人間関係に当てはまります。相手を知ることで、自分に求められていることがわかり、ベストな関わり方も見えてきて、過不足なく協力しあえるように。

　人から相談を受けたり、打ち明け話を聞くことがありそうです。もしも、それがあなたに関わることで、憤慨（ふんがい）するような内容だったとしても、感情に流されずにいてください。どうしてそうなったのかを知れば、呑み込めることかもしれません。

　腐れ縁や迷惑なご縁を断ち切るのにもよいタイミングです。心を乱されていると感じるなら、その人と距離を置くのもいいでしょう。

年運数2の運勢
~~~~~ Year ~~~~~

　「相互関係」がテーマになる1年です。人や組織との関わり方を見つめることで、自分を知るでしょう。計画を見直せば、必要なことがわかり、協力者を得られるように。新しい出会いに恵まれますが、離縁もあるでしょう。旬の人間関係が肝心です。相手との距離感や関わり方次第で、よき関係を築いていきましょう。

　相手が絡むときは、柔軟性が欠かせません。相手にあわせたコミュニケーション法を採用しましょう。

　うまくいかないときでも、深刻にならずにいてください。開花する前のつぼみの状態は、一見、時間が止まり、停滞しているように見えるものです。物事や人間関係も、これを繰り返して変わっていきます。流れに任せていきましょう。手にしたつぼみを大きくしていくのです。

日運数 3 の運勢
DAY

　笑って過ごせる日です。好きなことを楽しみながら、心をウキウキさせましょう。思わず表情に出てしまっても構いません。面白いことを探したり、人を笑わせるのもいいでしょう。みんなで笑うことで、「笑う門には福来たる」を実践するのです。

　心をオープンにできるときです。心を開いて接すれば、相手の心も開かれます。自分をよく見せようとせず、自分にも相手にも正直でありましょう。あなたの真っすぐさがカリスマ性を放ち、不思議と味方が増えていきます。

　クリエイティビティを高めるチャンスです。絵や物語を書いたり、ハンドメイドに挑戦するなど、創作活動をしたり、いつもと違うことをするのもいいでしょう。アイデアが浮かびやすくなり、物事を楽しむセンスも磨かれます。

月運数 **3** の運勢
〜〜〜〜 Monthry 〜〜〜〜

　賑やかになりそうな1カ月です。人からのお誘いが増えて、次々と予定が埋まっていくでしょう。仕事などのオフィシャルよりはプライベートの楽しみが増えるときですが、公私ともに発展に期待できるときです。どちらか一方に肩入れせずに、うまく両立させましょう。

　社交的なコミュニケーションの場で、あなたの魅力が光ります。自宅にこもりきりにならず、フットワークよく動いていきましょう。積極的に人と会うことで、人脈がつながり、いろいろな機会がめぐるようになります。自然な流れで、自分を売り込むこともできるようになるでしょう。

　楽しみを見つけられるときです。自由に発想を膨らませていきましょう。嬉しい気持ちは人とシェアし、喜びを伝播させるのです。

年運数 **3** の運勢
〜〜〜〜 Year 〜〜〜〜

　「楽しむ」がテーマになる1年です。嬉しいことに恵まれやすく、周囲を楽しませている自分に気づくこともあるでしょう。楽しい時間を過ごせれば、どんな相手とでも、自然と仲よくなれます。公私を問わず、お誘いには顔を出して、ご縁をつなぎましょう。

　どんなときでも楽しくするには、アイデアが武器になります。苦手な相手や作業を前にしたときこそ、いつも以上に想像力を働かせましょう。苦手を克服できます。喜びも生まれ、自然と楽しい気分になり、それが周りの人にも伝わって、明るい空気が広がっていくでしょう。楽しさが循環するようになるのです。

　課題や困難をポジティブに克服すれば、開花できる年です。決めたことを成して力をつけ、未来への期待を膨らませていきましょう。

バイオリズム

4

日運数 **4** の運勢

DAY

　目覚まし時計をセットして、朝から予定をこなし、1日のノルマを達成できる充実の日です。やることリストを作り、1つずつこなしていきましょう。順序よく進められれば、ムダなく、そつのない行動に、自分でも惚れぼれしそう。新しい習慣をはじめるのもオススメです。

　なぜだか頑張れてしまうのですが、仕事など安請け合いしないよう注意しましょう。背負いきれずにいっぱいいっぱいになると、挫折を味わうことになります。何をするにしても、計画的に進めてください。

　チャンスと思える大きな話が持ち込まれる可能性もあります。慌てて返事をせずに、落ち着いてしっかり考えましょう。直感に頼らず、条件や詳細を確認し、前向きに検討することです。

月運数 **4** の運勢
~~~~~~~ Monthly ~~~~~~~

努力の1カ月です。日々、努力を続けているならいつものことですが、怠慢に過ごしてきたなら、そのツケがめぐってくるでしょう。といっても、恐れることはありません。やらなくてはいけないことをやるだけで、決して特別なことではないのです。

見て見ぬふりをしていたことが浮き彫りになります。金銭的な問題なら倹約し、固定費を見直しましょう。掲げてきた目標を実現できそうにないなら、取り組み方やスケジュールを見直して、堅実に進めていくのです。

生活の乱れも改善しましょう。食事や日々の過ごし方を振り返り、悪習慣はやめること。健康面も整って、作業効率も上がり、やりかけの仕事も終えられるでしょう。先のことを考えて動けば、未来が変わっていきます。

年運数 **4** の運勢
~~~~~~~ Year ~~~~~~~

「ベースを整える」がテーマになる1年です。やらなくてはと思っていたことや、先延ばしにしていたことを片づけましょう。取り繕うだけでは済まされないものは、しっかり基盤を組み直すことが肝心です。

地味な運勢ですが、チャンスも訪れます。うっかりしていると気づかないようなさり気ないものなので、思うとおりにしようとするよりも、状況に応じて進めましょう。イライラは鎮めるようにして、心にゆとりを持つことです。

生活や行動面でのムダをなくしましょう。余計な出費もなくなってお金も貯まっていきます。肉体的にも楽になり、ストレスが減るでしょう。

変わらぬ日々に感じられても、毎日の行いは蓄積し、それが実りをもたらします。結実を現実のものとしましょう。

バイオリズム 5

日運数 5 の運勢 DAY

　刺激的な日です。ツイてないと思っていたなら、この日を境にツキがまわってくる可能性も。自分の殻を破って、あなた自身を解き放ち自由になりましょう。ストレス発散には、運動やダンス、歌などを楽しむのもオススメです。

　何かしらのチャレンジをしてみましょう。行ったことのない場所に出かけたり、旅先で見知らぬ人に話しかけてみるなど、ちょっと特別なことに挑戦するのです。ドキドキすることがよい刺激になりますし、新しい自分にも出会えるでしょう。

　予期せぬ出来事の予感もあります。運命のいたずらを感じるような偶然のめぐりあわせもありそうです。いつ、誰に会っても問題のないように、身支度を整えておきましょう。チャンスはどこにあるかわからないのです。

月運数 **5** の運勢
~~~~ Monthry ~~~~

変化の激しい1カ月です。それを理解した上で、腹を括っておきましょう。突然の出来事は、突然訪れるもので、準備のしようがありません。むしろ、何かしら変わったことが起きるのを前提に、ドタバタを楽しみましょう。

どんなことがあろうと、物事はどうにかなってしまうもの。いきなり決断を迫られたり、想定外のことに見舞われても、慌てずにいきましょう。その瞬間はショックでも、意外とすぐに忘れられます。

短期集中で何かを取得したり、関心のあったことに挑戦してみるのもいいでしょう。出会いも広がって、ネットワークも生まれます。恋の出会いにも恵まれて、恋愛が成就するでしょう。いつもより大胆に、積極的に動くことで、あらゆる方向でチャンスを得られます。

年運数 **5** の運勢
~~~~ Year ~~~~

「流れに乗る」がテーマになる1年です。これまで続けてきたことがターニングポイントを迎えたり、生活環境や人間関係などに変化が見られるでしょう。前年までの実りを収穫し、折り返すときです。新たにめぐるものがある一方で、去るものもありますが、流れの一巡として受け止めましょう。

物事の展開には、先行きへの不安やリスクも伴いますが、その先にある躍進の未来と次のチャンスを忘れてはいけません。変化を楽しむ気持ちで、思い切りましょう。

迷い悩んだときは、最初のインスピレーションに従うとよいでしょう。ためらい続けると、せっかくの収穫のタイミングを逃してしまいます。スピード感と勢いを損なわず、旬の間合いで大きな実りを得るのです。

バイオリズム 6

日運数 6 の運勢
DAY

やさしい気持ちで過ごしたい日です。いつもならイラッとしたり、思わず文句を言ってしまうようなときでも、「こんなのはどうでもいいこと」と受け流して。それができた自分の素晴らしさが嬉しく、ハッピーになれるでしょう。

聞き上手になって、相手を饒舌にすることもできるときです。話しにくいことがあるなら、相手を思い切り受け入れたあとに、そっと告げてみるとうまくいくでしょう。

人助けをするのもオススメです。見返りを求めない行いは、見知らぬ相手にも伝わるやさしさになります。うわべだけの言葉ではないやさしさを示してみましょう。

愛は循環します。あなたが助けを欲するときに差し伸べられる手は、過去のあなたのやさしい行いのリターンなのです。

月運数 6 の運勢
~~~~~ Monthly ~~~~~

感情が高ぶりやすい1カ月です。運命を感じる出会いが訪れたら、それは「6」の運勢の仕業かもしれません。よくも悪くも心が動くので、感激して喜ぶ一方で、怒りが爆発することもあるのです。

自らを制御できるかどうかが、今月の運勢を左右します。家族や仲間に親切に接しましょう。苦手な相手のことも克服できるチャンスのときです。人の言葉に耳を傾け、真摯に向きあいましょう。自分の立ち位置が明確になって、あなたが果たすべき責任もわかるはずです。

人を大切にしたいときは、自分のことも大事にしましょう。自室や作業場を整えて、あなたのお気に入りのもので飾ってください。好きな服を着るのもいいでしょう。自らを喜ばせることで、人へのやさしさと愛情が増していきます。

年運数 6 の運勢
~~~~~ Year ~~~~~

「バランスをとる」がテーマになる1年です。人づきあいのバランスもあれば、オフィシャルとプライベートの偏り具合、あなた自身の心と身体の状態もあるでしょう。こうしたものを調和させていくのです。

現状をしっかりと受け入れましょう。枯れたものは土に帰し、残ったものを手入れして守るのです。健康管理や生活環境を改めて、心身を安定させましょう。自分が整うことで、幸運にあやかれるようになります。人にも自分にも嘘をつかず、誠実に。偽りは現実を見る目をむしばみ、進展を妨げます。

交友関係は華やかになり、多くの出会いに恵まれるでしょう。ご縁の先にも出会いが続いていきます。頼まれ事や人助けで、信頼を得ましょう。自己成長を遂げるのです。

日運数 7 の運勢
DAY

　肩の力を抜いて、自然体になれる日です。たまにはのんびり過ごすのもいいでしょう。緊張状態を続けていては参ってしまいます。いつもより睡眠時間を長めにしたり、お風呂にゆっくり浸かるのもオススメです。

　用事を済ませるついでに公園を散歩したり、カフェでデスクワークをしてみるなど、寄り道のようなことをしてみましょう。気持ちにゆとりが生まれて、自然と力みが抜けてラクになれるでしょう。今の立場や役目が重荷になっていると感じるなら、背負っているものを下ろしてみてください。たった1日でも解放されることで、明日への活力が湧いてくるでしょう。

　神社仏閣やパワースポットを訪れて、スピリチュアルな感覚を意識してみると、気づきを得られるかもしれません。

月運数 7 の運勢
~~~~~~ Monthry ~~~~~~

スピードを落として、ディテールを高めていきたい1カ月です。忙しさに振り回されて後回しにしていたことを思い出してみましょう。やっつけで動いてきたことを省みたり、自分自身と向きあうのもいいでしょう。毎日を丁寧に過ごしてみると、見落としていた幸せに気づけるようになります。

趣味を極めてみたり、学びを深めて自分を磨くなど、あなたのための時間を大事にしてみましょう。俗物的な喜びではなく、精神的に満たされることを追いかけることで、喜びが身近にあったことに気づけるときです。

人とのおつきあいも深めていきましょう。上辺だけの間柄から一歩進むことができる相手となら、よき関係を築けます。これは、恋愛にも通じることでしょう。

年運数 7 の運勢
~~~~~~ Year ~~~~~~

「理解して深める」がテーマになる1年です。人と賑やかに過ごすことに疲れを感じ、ひとりの時間を求めたくなるでしょう。静かな場所でのんびりしたり、リラクゼーションを受けて癒やされるのもありです。

物事や環境が一段落する兆しもあります。リフレッシュのための休養期間を設けるのもいいでしょう。自らを振り返る余裕も生まれ、自分とじっくり向きあうことも可能になります。自身の心や考えを整理すれば、人に対する疑問もクリアになるでしょう。

趣味のことや関心のある分野の勉強もはかどるときです。読書や映画鑑賞などで、思考に養分を与えるのもいいでしょう。セルフメンテナンスを行いながら、翌年に向けてエネルギーをチャージし、精神力を高めていきましょう。

バイオリズム
8

日運数 **8** の運勢

DAY

　一気に駆け抜けたい日です。ウダウダしている場合ではありません。やるならやる、やらないならやらないと決断し、時間をムダにしないようにしましょう。迷っているなら勇気を出して挑戦し、あきらめてしまった後悔に引きずられないようにするのです。

　今日の自分はちょっと違う。そう意識して過ごすのもいいでしょう。ずっとできずにいたことを乗りこえて、自信を持てるようになります。弱い自分を脱ぎ捨てて、強いあなたになりましょう。

　力を得て余裕を持てたときは、人に手を貸すことも忘れてはいけません。小さなことでも人の力になれれば、人望を得ることにつながります。今すぐではなくても、それが明日以降のあなたの力を強め、強運を呼ぶでしょう。

月運数 8 の運勢

　ビジネスライクに過ごすと、達成感を得やすい1カ月です。公私で振り分けず、すべての用事と人間関係を、労力と対価として考えてみましょう。仕事はもちろんですが、それが恋愛であっても「自分と交際するとこんなメリットがありますよ」ということを理解させるイメージです。

　相手から見た自分についても、同じように見つめてみましょう。こんなに助けてくれている、これだけ支えてくれている、そう思うなら、その恩返しをしていきましょう。

　目上の人や、リスペクトしている人に歩み寄るチャンスの時期でもあります。ワンランク上の立場の人に接することで、あなた自身のステージアップへの道が見えてくるでしょう。足を引っ張る相手とは距離を置くことも大事です。

年運数 8 の運勢
~~~~~~ Year ~~~~~~

　「実現すること」がテーマになる1年です。これまで続けてきたことが認められて、最終的な成果がもたらされるでしょう。運勢サイクルの中で開花して結実した種子を受けとるのです。積み上げた努力の分だけ、種子はずっしりしてきます。

　ひとりで抱え込もうとするのはやめましょう。人を巻き込み、協力を得ることでチャンスも広がり、アイデアを活かす場も生まれます。実現の可能性もより高まるでしょう。

　有形無形に関わらず、得たものを周囲と享受することも大事です。ひとりではできなかったことの実現と心得て、喜びを周囲と分かち合いましょう。自分の野心を満たすだけで終わらせないことが、得た種子の価値を高めます。ステップアップも叶うでしょう。

バイオリズム

日運数 9 の運勢
~~~~~ DAY ~~~~~

メリハリをつけて過ごしたい日です。丸一日をのんびりするか、しっかり動き回るかというのもありますが、時間で区切って行動するのもいいでしょう。いずれにしても、中途半端はやめましょう。

成すべき課題を抱え、それが頭から離れないなら、ムリに休むことはありません。むしろ、一気に片づけるつもりで集中しましょう。逆に、課題はあるけれど、今日はやる気になれないというときは、そのことを忘れて、好きな時間を過ごしてしまうのです。

ただ、気まぐれに楽しむ日にすると決めたなら、そうしても構いませんが、決めたことを成し遂げるようにしましょう。そうすることで、明日からのあなたが生まれ変わります。たまには思い切る。振り切ってしまうのもよいことなのです。

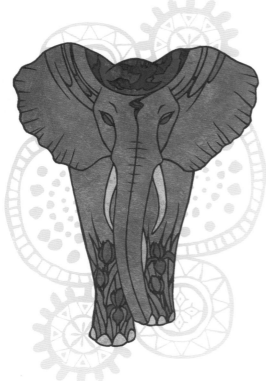

月運数9の運勢

けじめをつけるのによい1カ月です。すっきりしないことはありませんか？　宙ぶらりんになっていたことは片付け、人間関係のわだかまりを取り払いましょう。あきらめて放り出していたことに、改めて向きあうのも名案です。

デトックスするという発想で、動いてみるのもいいでしょう。心に溜まったイライラの原因や、お腹に残るわだかまりを追い払うのです。いらないものを処分して、整理整頓したり、旅行や遠出で気分転換するのもいいでしょう。排水口や換気扇を掃除するのもオススメです。すっきりすることで、滞っていたものが動き出し、運気がめぐりやすくなります。

なぜだか目的を見失った感覚にとらわれたら、心地よい空間でのんびりと。ヨガで心身を和らげるのもいいでしょう。

年運数9の運勢

「清算すること」がテーマになる1年です。1からはじまり、最後に迎える9は、次のサイクルの準備期間でもあります。やり終えることがベストですが、断念するのも一手です。半端なことは終わらせ、不要なものは手放し、すっきりさせておきましょう。

よきにつけ悪しきにつけ、どちらの終わり方でも、次のはじまりへの道は拓かれます。新しい出会いにも導かれていくでしょう。今後に向けての目標のヒントも見つかるはずです。時間にゆとりが生まれたときは、旅行に出かけたり、人の助けになるようなことをしてみたりするのもオススメです。

やりたいことは見えてきます。焦らなくても大丈夫。どんな芽が出るのかを楽しみに、種をまきましょう。めぐりあわせが養分になります。

救いの「0」マジック

　生年月日を単数化した数字で占う数秘術では、「0」はどうしても消えてしまいます。しかし、0に意味がないわけではありません。「1」を「10」、「5」を「50」というぐあいに、ほかの数に寄り添うことで、10倍の力をもたらします。また「1×0＝0」のように、かけることで無効化します。単体では無力でも、何かと組むことで力を発揮するのです。

　1から9のバイオリズムは、1ではじめたことを、2で結び、3で進め、4で組み上げ、5で変わり目を迎えます。6で現状を受け入れ、7で体制を整え、8で形にし、9で完了する、という流れです。この過程をすべてこなさなければ、運勢のサイクルを活かせないでしょう。しかし、ここで数字が示すことを達成できなかったというとき、日のサイクルなら取り返せても、年のサイクルでは、長く待たなくてはなりません。

　そんなときに救済してくれるのが「0」の持つ力です。達成できなかったというネガティブな思いをクリアにし、今度は10倍の力で動いてください。

　未来はいつだって変えることができます。あなたが本気になれば0が力を貸してくれますから、望む未来に向かって全力で進みましょう。

第**5**章
▽ ▽ ▽

オラクル
ナンバー
メッセージ
~数字で開運~

日常のあらゆるシーンに存在している数字たち。ふとした瞬間、数字が目に留まり、気になることがあります。こうした数字に秘められたオラクルを読み解いてみましょう。

目にした数字の
メッセージ

　時計が示す時間、カレンダー、リモコン、レシートなど、自宅で過ごすだけでも、偶然に目にしてしまう数字があります。一歩外に出れば、さらに数字の世界は広がって、番地、車番、電車のホームの番号、フロア数、看板やファッションの中に潜む数字や、通りすがりの人が言葉として発した数字まで、多岐にわたっていくでしょう。

　あらゆるところに存在する数字です。こうした数字をある瞬間に偶然に目にし、印象に残ったものを、本書では「オラクルナンバー」と呼びます。例えば、5月5日の朝に、ふと目にしたデジタル時計の数字が「05：05」と表示されていたとしたら、どうでしょう。「5」という数字が、強く印象に残るのでは？「5」という数字に、意味があるのではないかと思う人もいるでしょう。

　本来、「オラクル」とは「神からのお告げ」という意味。印象に残るのは、数字があなたにメッセージを発しているからと考えます。

　ではさっそく、オラクルナンバーのメッセージを読み解いてみましょう。なお、P216のゾロ目や連番についてもご参考に。

独立した自分として自発的に行動を

あなたの主体性が問われています。本当にやる気があるのなら実行できるはず。他人に期待するのではなく、自分が動きましょう。あなた自身が、事の発端や原因になるのです。

はじめの一歩は、実はもう踏み出されているのかもしれません。あなたの意思を示し、なにかに頼ろうという甘えを捨て、本腰を入れましょう。

１人で行動することも大事です。思い切る勇気さえあれば、あとは流れが生まれます。自分をしっかり持つことができるあなたであれば、人も自然とついてくるようになるでしょう。

人との絆は喜びと忍耐の連続で築かれる

人間関係や、あなたを取り巻く環境について問われています。人には丁寧に接し、一緒に過ごす場をスッキリさせましょう。苦痛を感じても、今は我慢。穏やかな心を保つことが、この瞬間のテーマです。

あなたはもちろん、相手もくつろげる雰囲気を大切にすると、肌で感じる温度が、徐々に変わっていくのがわかるようになります。

人間関係が結ばれれば、協力も得やすくなり、物事もスムーズに運ぶでしょう。本領発揮はそこからです。まずは、互いを受け入れ、会話が進む自然な関係を築きましょう。

建設的な取り組みが創造性を生む

　楽観性とクリエイティビティが問われています。もしも今、とんでもなく大変という状況であったとしても、そこに楽しみを見つける工夫をしましょう。こうしたセンスが武器になるときです。

　芸術家になった気分で、物事を見てください。新たな発見が心を躍らせると気づけば、これから訪れる嬉しい展開を、より有意義なものにできるはず。

　真面目になりすぎて、事を深刻化せずに、のんびりと構えることも大事です。心にゆとりを持つことができれば、創意工夫のセンスが開花して、あなたが恐れるものはなくなるでしょう。

努力を続けて未来の実りを大きく育てる

　地道な取り組みと実直さが問われています。要領よく済ませるだけでなく、きちんと向きあい、成すべきことをしっかりクリアしていきましょう。

　無責任なやり方、つじつまのあわないことは改めることも大切です。確実にできるところから着手し、整理していきましょう。ほころびの修正が、大きな結実をもたらします。

　日々の日課もおろそかにせず、生活リズムの一環として続けることです。毎日使う道具もお手入れし、快適に作業を続けられるように整えましょう。すべてがあなたの実りにつながります。

変化の流れを味方につけて自らも変わる

　積極性や率直さが問われています。予期せぬ出来事が訪れても、そこで及び腰になっている場合ではありません。状況にあわせ、よきに計らいましょう。

　動きのあるときは、絶え間ない変化に見舞われることがあります。勢いのままに物事が進み、瞬く間に事が進展するかもしれません。あなた自身も変わることで、新たに得るものがあるでしょう。

　騒々しいほどに、周囲や状況が活気づいていきます。その流れの1つに、人との関わり方の見直しも含まれるでしょう。意見がぶつかっても、はっきりさせたいことは明確に伝えましょう。

人と協力し調和のハーモニーを奏でる

　あなたの協調性と美的な感性が問われています。周囲や相手と調和して、場に馴染んでいきましょう。あなたに歩み寄る相手には好意的に接して、美しい関係を築いていくのです。

　人と足並みを揃え、協力する中で生まれる一体感。これを維持するには、思いやりと、それを守ろうとする責任感が欠かせません。分かちあう喜びもここから生まれます。決断や結論を急がず、理解を深めていきましょう。

　癒やし癒やされることも、大切です。すべてを受け入れれば、求められていることがわかるでしょう。

改めて自分自身と向きあい理解を深めて

あなたの心と頭の中にあるノイズを処理できるかどうかが問われています。たまには1人になって自分と向きあいましょう。他人の視線や考えにとらわれず、自らを省みるのです。

静かな空間で、作業や学習に集中するのもよいでしょう。ひたすらなにかに没頭するか、すべてを放り出して、なにも持たない自分になってみる手もあります。新しい気づきも得られるでしょう。

他人の価値観や人目を気にしても、評価は上がりません。あなたの価値は、あなた自身が決めること。思慮深い考えを持って、あなたの道を歩みましょう。

理性的に現実に向きあって対応する力

あなたが自らを理解して、そのうえで理性的に振る舞っているかどうかが問われています。現状から目を背けることなく、すべてを受け止めて、どのように動くかが重要になるでしょう。

置かれた状況を振り返り、今、やらなくてはいけないことを考え、実行しましょう。仕事や作業は先送りにせず、計画的にこなすこと。必要なら、人に割り振りましょう。責任逃れは信用を落とします。

成すべきことはしっかりと終わらせ、形にしていきましょう。行いに見合った結果がもたらされ、それが、あなた自身の評価や評判を導くでしょう。

偏見やこだわりから解放されて自由に

　人を思いやる寛大さと辛抱強さが問われています。差別や蔑視をしないバリアフリーの精神で、人や物事を大らかに見つめていきましょう。利他の行いが、あなたに幸運をもたらします。

　理想を求め、夢を思い描くことです。シビアな現実に気を取られていては、創造力も働かなくなり、自らの欲に駆られるように。人のためにも動けなくなっていくでしょう。

　自由でありたいときこそ、自分の欲を手放して。すべてを受け入れれば、よき方向に状況は変化します。めぐりくるものをありがたくいただきましょう。

なにも持たないまっさらの自分になる

　自らを空っぽの状態にできるかが問われています。日常から解放されて、無になれる瞬間が必要なのかもしれません。詰め込みすぎたものをないものとして、自身をリセットしましょう。

　静かな空間で1人瞑想し、あてもなくボーッと道を歩き続けるのも名案。抱えているものすべてを下ろして過ごせば、本来の自分を取り戻せるでしょう。

　なにも持たないあなたの可能性は無限です。決められた立場やしがらみのないクリアな自分に立ち返ることで、物事の本質が見えてくるようになります。必要なことも明確になるでしょう。

ゾロ目や連番に
ついて

　偶然に目にする数字は、けた数も様々。1けたはもちろん、2けた以上となれば無限です。けた数が増えていけば、同じ番号が並ぶ「ゾロ目」と、123～や543～のように、通し番号で数字が連なる「連番」も現れます。

　複数の数字が規則的に並ぶこと自体が珍しく、それを偶然に目撃したら、すごいことが起きる予兆なのではと期待することもあるでしょう。時計の時刻でも、ピッタリ12時を示した瞬間に目にすると、よい兆しを感じることがあります。切りのよい数字の魅力が、そう思わせるのです。

　オラクルは、目撃の瞬間に感じたことが答えになります。ラッキーと思ったのなら幸運が訪れ、がっかりしたときはパッとしない一日になるでしょう。

　ゾロ目は、その数の意味を強めます。大きくなっていく連番はこれから発展し、小さくなる連番は見直しや停滞を迎えると解釈できます。目撃の瞬間の素直な感覚で、オラクルを受け取りましょう。

　また、奇数と偶数で、どちらが多く目についたかで判断することもできます。奇数のときは、いつもと少し違うことに挑戦し、偶数のときは足固めをしていくなど、数字をシンプルにとらえると、活用しやすくなるでしょう。

数字の持ついろいろな顔
キーワード一覧

　それぞれの数字の意味合いや、数字に紐づく象徴を並べた一覧です。眺めていると、個々のイメージが広がり、数字の持つ雰囲気がわかるように。ここから想像を膨らませて、数字への理解を深めましょう。

1

未経験のことに興味を抱く、新しいことをはじめる、挑戦する、新しいアイデアを得る、アイデンティティを確立する、主体的に動くことを学ぶ、リスクを恐れない、勇気を持つ

独創的、自立性、リーダーシップ、自己発見、よい意味でのプライド、衝動的、意固地、優越感、好戦的、せっかち、誤った自尊心

レッド、オレンジ、テラコッタ、カーネリアン、アンバー、ひまわり、カーネーション、太陽

2

受け入れる、人間関係を築く、感受性が鋭い、機転がきく、ものごとを調整する、つながりを作る、細やかな振る舞い、平和をもたらす、人の顔色や場の空気に敏感

少女的、結婚、出会い、つながる、繊細、穏便、2つの狭間、ロマンチック、自己憐憫（れんびん）、大仰、別れ、臆病、自意識過剰、メロドラマ的

ホワイト、シルバー、淡いブルームーンストーン、パール、ユリ、ジャスミン、月

想像力にあふれる、自己表現が豊か、オープンで明るい、人に笑顔と元気を与える、人を惹きつける、思い切り楽しむ、周囲を楽しませるエンターテイナー、楽観的でハッピーな雰囲気、陽気なふるまい

少年的、快楽的、創造性、拡大、無邪気、前向き、幸運、演じる、気まぐれ、自分勝手、浪費、批判的、辛らつ、猿芝居、軽薄

イエロー、イエローグリーン、ターコイズブルー、ルビー、シトリン、タンポポ、スイカズラ、木星

まじめに努力する、形式や枠組みを築く、決心を固める、辛抱強く続ける、時間や規律を守る、しっかり管理する、建設的に取り組む、確実に遂行する、責任を果たす、信頼に応える、計画的に進める

倹約、ポーカーフェイス、冷静、コンサバティブ、ベーシック、安定、保守、実践的、制限、頑固、鈍重、ストレス、怒り、秩序

ライトブラウン、グリーン、ライトグレー、黒曜石、ジャスパー、パンジー、ミモザ、天王星

自由と刺激を求める、飛び出す、精力的に動く、雄弁・饒舌になる、変化が多く落ち着かない、ものごとを進める、身体を動かす、どこにでも順応する、刺激を求める

自由奔放、変化、柔軟、空想、冒険、本能、肉体、旅行、注意力散漫、不安定、混乱、刺激過多、文句、ぐち

スカイブルー、ディープブルー、マルチカラー、アベンチュリン、アゲート、ラベンダー、スズラン、水星

思いやりがある、家族や身内を大切にする、相手を受け入れる、バランス感覚に優れている、癒しと調和をもたらす、きれいに整える、満ち足りる、日々のことを見直す

愛、美、芸術、やさしさ、平和、道徳、正義、奉仕、完ぺき主義、現実逃避、罪悪感、わがまま、優柔不断

ローズピンク、サックスブルー、グレージュ、ローズクォーツ、ラピスラズリ、ローズ、キバナノクリンザクラ、金星

7

自分自身に向きあう、心身を休める、1人になる、ひっそり作業する、完ぺきを目指す、専門的なことを学ぶ、マニアックに探求する、洞察力がある、思慮深い

精神性、浄化、思考・哲学、孤独・孤高、調査、分析、研究、厭世的、猜疑心、イライラ、神経質、所有欲旺盛、霊的

ディープブルー、モーブ、バイオレット、クリアクォーツ、ベリル、ポピー、ハス、海王星

8

合理的な判断で行動する、ビジョンを実現する、やりがいを得る、問題と向きあう、組織化する、計画を立てる、決断して動く、精力的に仕事に取り組む

持久力、継続、徹底、権力、服従、支配、価値、攻撃的、利己的、強欲、課題、トラブル、管理、指導、成功欲、野心的、存在感

ゴールド、ベージュ、キャラメル、ブラッドストーン、オニキス、マリーゴールド、キンギョソウ、土星

9

完了させて手放す、人に教える、死生観について考える、何もせずにボーッと過ごす、広い視野を持つ、気づきを得る、相手を許す、見返りを求めない、限界を超えていきたい気持ち、理想を追いかける

完成、最後、普遍、理想、無我、カオス、究極、すべて、無気力、無関心、ナルシスト、退屈、夢想的

パープル、クリムゾン、オリーブ、アメジスト、ラブラドライト、アイリス、チューリップ、火星

0

無心になる、自我や我欲を捨てる、とらわれから解放される、振り出しに戻る、ゼロから始める、タイミングや出会いを待つ、つきあう相手を選ぶ、価値観をリセットする、何もないからこその自由

無、無限、まっさら、流れ、選択、虚無、暗黒、喪失、無責任、他人任せ、空っぽ、クリア

ブラック、玉虫色、メタルカラー、オパール、サルファー、土、冥王星

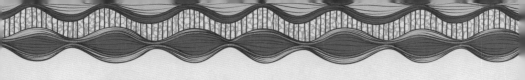

おわりに

　数字に意味をもたせることで誕生したという「数秘術」は、ある意味、あとづけのものと言えます。しかし、そうとは信じ難い発見も多く、こうした経験はこれからも続いて、さらに新しい驚きがあるのではと期待しています。

　ところで、数字は数秘術だけに留まらず、様々な占いに登場します。それを少し見てみましょう。

　まず、タロットの番号とその意味合いです。0「愚者」が旅に出て、1「魔術師」で新しくはじめる。2「女教皇」で分別をもち……と、21「世界」で宇宙のすべてと1つになるところまで、魂の成長のストーリーが続いていくとされています。数札と呼ばれる1〜10の数で構成されたカードの意味合いも、数字に結びついていることがわかります。

　星占いでお馴染みの西洋占星術でも、数字との興味深い関連が見て取れます。惑星や星座と紐づく数字もありますが、注目したいのは、星と星との角度から読み解く「アスペクト」です。1点で重なるコンジャンクションでは、力が集中し自己主張的に。2点を結ぶオポジションは対立を

表し、３点で正三角形を作るトラインは穏やかで創造性が生まれます。円を４つに分けるスクエアは、課題をこなすことで生きる土台を築くのです。これも、５のクインタイル、６のセクスタイルと、９まで続いていきますが、数秘術の数字の意味合いにマッチすることが多く、思わず唸ってしまったくらいです。

　ほかにも、数字に結び付く八卦、九星気学や風水など、数字は東洋の占いにも深く根付いています。３×３のます目に１〜９の数字を書き入れ、どの方向からどの列で加算しても15になる魔方陣、古代中国の伝説にある「洛書」などは、ご存知の方も多いかもしれませんね。

　数字は、我々の生活のあらゆるところに潜んでいます。いつでもどこででも数秘術ができる環境に生きているのがわたしたちなのかもしれません。数字を見つけたときは、その意味に注目してください。ハッとして考えてしまうことや、感激してしまうような気づきにめぐりあって、数秘術をご堪能いただけましたら幸いです。

いちばんやさしい数秘術の教科書

◯ かきこみシート ◯

あなたの生年月日（西暦）	年	月	日

❖◆ パーソナル占い ◆❖

ヌメロステラ

有無

終始　流れ

自身　現実性

9　0

1　5

運命数

8　4

利益　バランス

2　6

7　3

思案　喜び

素直さ

運命数

誕生日数

のグループ

隠れナンバー

❖◆ バイオリズム ◆❖

占う年月日 >>	年	月	日

年運数 ☐　月運数 ☐　日運数 ☐

★必要な場合は、このシートをコピーしてお使いください。

かきこみシートの使い方例

例 ▷▷ 1990年9月23日生まれの場合

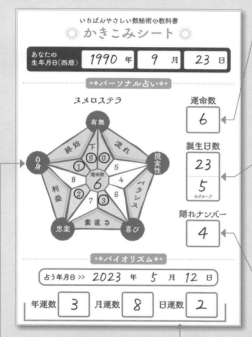

いちばんやさしい数秘術の教科書
◎ かきこみシート

| あなたの生年月日（西暦） | 1990 年 | 9 月 | 23 日 |

❖パーソナル占い❖

ヌメロステラ

運命数
6

誕生日数
23
5
のグループ

隠れナンバー
4

❖バイオリズム❖

| とう年月日 ▷▷ | 2023 年 | 5 月 | 12 日 |

| 年運数 | 3 | 月運数 | 8 | 日運数 | 2 |

❖運命数 （出し方はP27〜）

生年月日をすべてバラバラにし、1けたになるまで足した数。生涯、変わることなく、その人が持って生まれた生き方、人生傾向を示します。

❖誕生日数 （出し方はP55〜）

生まれた日の数をそのまま用いて、その人の個性を読み解いていきます。

❖隠れナンバー
（出し方はP74〜）

いざというときに、あなたはどんな態度をとるか？普段は隠されている本性が明らかになります。

❖ヌメロステラ
（作り方はP80〜）

あなたという人はどんな人か？ 生年月日の数字すべてを使って見ていきます。運命数だけではわからない自分が見えてきます。

❖年運数・月運数・日運数
（出し方はP188〜）

本人の運命数をもとにした運勢診断です。「この年の運勢はどうなる？」「この打ち合わせの日はどんな感じ？」など、気になる年や月、日の運勢を知りたいときに。

著者
LUA

Profile

タロット、数秘術、ルーン、西洋占星術などの
占いはもとより、おまじないの研究も行う。ま
た心理テストや児童向けのオカルト本なども執
筆・監修。ジャンルを超えて活動する占術家。
『78枚のカードで占う、いちばんていねいなタ
ロット』『オリジナルカード78枚ではじめる い
ちばんたのしい、タロット占い』（いずれも日本
文芸社）はじめ、著書多数。
http://www.luaspider.com

本書に関するお問い合わせは、書名・
発行日・該当ページを明記の上、下記
のいずれかの方法にてお送りください。
電話でのお問い合わせはお受けしてお
りません。
● ナツメ社webサイトの
　問い合わせフォーム
　https://www.natsume.co.jp/contact
● FAX（03-3291-1305）
● 郵送
　（下記,ナツメ出版企画株式会社宛て）
なお、回答までに日にちをいただく場
合があります。正誤のお問い合わせ以
外の書籍内容に関する解説・個別の相
談は行っておりません。あらかじめご
了承ください。

Staff

イラスト	荒巻まりの
本文デザイン	菅野涼子（説話社）
編集協力	阪上智子（説話社）
編集担当	田丸智子（ナツメ出版企画株式会社）
DTP	苅谷涼子

ナツメ社Webサイト
https://www.natsume.co.jp
書籍の最新情報（正誤情報を含む）は
ナツメ社Webサイトをご覧ください。

いちばんやさしい数秘術の教科書

2023年6月6日　初版発行
2024年7月1日　第2刷発行

著　者　LUA　　　　　　　　　　　　　　　　©LUA,2023
発行者　田村正隆
発行所　株式会社ナツメ社
　　　　東京都千代田区神田神保町1-52　ナツメ社ビル1F（〒101-0051）
　　　　電話 03（3291）1257（代表）　　FAX 03（3291）5761
　　　　振替 00130-1-58661
制　作　ナツメ出版企画株式会社
　　　　東京都千代田区神田神保町1-52　ナツメ社ビル3F（〒101-0051）
　　　　電話 03（3295）3921（代表）
印刷所　ラン印刷社

ISBN978-4-8163-7381-7　　　　　　　　　　　　　Printed in Japan